W0090084

Franca Magnani
Ciao Bella!

Als Frau in Italien

Herausgegeben von
Sabina Magnani-von Petersdorff
und Marco Magnani

Kiepenheuer & Witsch

1. Auflage 2002

© 2002 by Verlag Kiepenheuer & Witsch, Köln
Alle Rechte vorbehalten. Kein Teil des Werkes
darf in irgendeiner Form (durch Fotografie, Mikrofilm
oder ein anderes Verfahren) ohne schriftliche
Genehmigung des Verlages reproduziert oder unter
Verwendung elektronischer Systeme verarbeitet,
vervielfältigt oder verbreitet werden.
Umschlaggestaltung: Barbara Thoben, Köln
Umschlagfotos: © Pia Zanetti und Abo Schmid
Gesetzt aus der Garamond Stempel (Berthold)
bei Kalle Giese, Overath
Druck und Bindearbeiten: Clausen & Bosse, Leck
ISBN 3-462-03177-5

Über das Buch:

»Auf kaum einem Gebiet hat sich Italien seit Kriegsende so grundlegend verändert wie in der Frauenwelt«, schrieb Franca Magnani, leidenschaftliche Frau, Mutter und Journalistin, die mit ihrem über drei Jahrzehnte währenden Schaffen diese Entwicklung entschieden unterstützt hat.

Mit dem Slogan »Weder Huren noch Madonnen – sondern einfach Frauen« kämpfte die italienische Frauenbewegung in den 70er Jahren, bis das Gleichstellungsgesetz und das Ehescheidungsrecht für die rechtliche Emanzipation sorgten. Parallel diskutierte Italien über Filme wie »Stadt der Frauen« oder »Szenen einer Ehe«, über die Rolle der Familie, die Krise des italienischen Mannes. Franca Magnani griff die aktuellen Themen auf, und verfaßte sie einfühlsame Porträts bekannter und ganz unbekannter Frauen.

Alle Texte – zum Teil erstmals in einem Buch – tragen die charakteristische Handschrift Magnanis, die bei allem Engagement für die Sache der Frauen nie einseitig Partei ergreift. Weil sie die Frauen eingebunden in uralte Familienbande und -traditionen ebenso zeigt wie in der Loslösung von diesen, entsteht ein spannendes Panorama der gesellschaftlichen Entwicklung im Italien der letzten 30–40 Jahre. Franca Magnani beweist einmal mehr, wie recht Heinrich Böll mit seiner Charakterisierung als »Entwicklungshelferin für einen Rechts- und Freiheitssinn« gehabt hat.

Über die Autorin:

Franca Magnani, 1925–1996, war ab 1964 Italienkorrespondentin für die ARD in Rom. Freie Autorin für alle wichtigen TV- und Printmedien in Deutschland und der Schweiz. 1990 veröffentlichte sie ihre Erinnerungen an ihre Kindheit und Jugend, »Eine italienische Familie«, die zu einem Bestseller wurden.
Gesamtauflage ihrer Bücher in Deutschland: 950.000 Exemplare.

Weitere Titel bei K&W:

»Eine italienische Familie«, 1990. »Mein Italien«, 1997. »Rom zwischen Chaos und Wunder«, KiWi 484, 1998.

Inhalt

---

* Erscheint zum ersten Mal in Buchform.

---

*   Erscheint zum ersten Mal in Buchform.

Unsere mamma war Italienerin
und Europäerin

VON LONDON BIS ROM BEHERRSCHTE SIE *die großen Landessprachen und liebte es sogar, ihre Schweizer Hörer und Zuschauer auf züridütsch über Italien zu unterrichten; zumal wir mit Schweizerdeutsch in Italien einen persönlichen Geheimcode hatten, durch den wir unser Privates auch vor deutsch sprechenden Italienern unbesorgt erörtern konnten. Das Schweizerdeutsch spielte eine wichtige Rolle für uns.*

Sie erklärte immer, wie wichtig es ist, eine nationale Identität und Zugehörigkeit zu besitzen. »Man muß sich zur eigenen Geschichte und Identität bekennen und diese in Europa einbringen und nicht alles auf Nivellierung hin ausrichten, nicht in der Kultur und schon gar nicht in der Kochkunst«, unterstrich sie oft beim Falten unzähliger Tortellinis in unserer Küche, bevor die ausländischen Gäste zu uns kamen. Die Liebe zu ihrem Land stand für sie ganz oben, und sie sagte dies ganz besonders gern ihren deutschen Freunden als Ansporn und Ermutigung, und daß diese Liebe zum eigenen Land und seiner Kultur niemals Kritik ausschließen dürfe, ja vielmehr sie ganz besonders herausfordere.

Mamma berichtete ab 1964 für die ARD; ich war damals neun und Marco elf Jahre alt. Mich hatte das nicht beeindruckt oder erschreckt, denn sie war immer eine sehr aktive Frau. Sie arbeitete weiterhin im Haushalt, sie kochte, malte, bastelte und spielte mit uns, sie schrieb und las täglich ihre vielen Zeitungen – immer mit Stift und Schere in der

Hand –, sie fuhr Auto, sie war immer mit etwas beschäftigt, so daß ich mir manchmal wünschte, sie würde nichts tun! »Das kann ich nicht – das habe ich nie gelernt«, lachte sie dann.

Merkmal ihrer Tätigkeit wurde eine grüne Agenda, in der sie ihre Termine und Adressen notierte. Der babbo, mein Vater, nannte diese in unserer Familiensprache das »zweite Gehirn«, worüber sie scherzte: »Dann muß ich wohl auch ein erstes haben!« Wir behandelten ihr zweites Gehirn von damals an bis heute wie eine höchste Reliquie, und niemand durfte es in die Hand nehmen.

Gelacht und gesprochen wurde sehr viel bei uns und fast nie mit leisen Tönen! Alles wurde kommentiert und diskutiert, gefragt werden durfte alles. Die Gedanken und Meinungen wurden hauptsächlich auf italienisch ausgetauscht, aber oft auch auf deutsch und schweizerisch – es wurde mitunter gekämpft und gestritten, um Erziehung ebenso wie um Politik – es war immer lebendig. Lachen und Fröhlichkeit waren Leitmotiv unseres Lebens, das ganz stark von der Heiterkeit der mamma bestimmt war. Sie beherrschte für Kinder viele bewundernswürdige Fertigkeiten: sie konnte nicht nur spannend erzählen und auch das Einfache durch ihren Bericht interessant machen – sie konnte auch Walnüsse im angewinkelten Ellbogen kraftvoll knacken; sie konnte Kühe melken und auf zwei Fingern so schrill pfeifen wie ein Viehhirte auf der Sommeralm. Wenn wir mit unseren Freunden auf den Wiesen vor unserer damaligen Wohnung in der Via Moena am Stadtrand spielten, konnte sie uns mit ihrem Pfiff – »fischio alla pecorara« – zum Staunen unserer Freunde kilometerweit zurückrufen. Auch gegen-

über ihren Kollegen schreckte sie nicht zurück, dieses gnadenlose Verständigungsmittel anzuwenden, wenn es praktisch war, und selbst wenn sie im elegantesten Dress gekleidet war, steckte sie ohne Finesse die Finger in den Mund und holte zum großen Pfiff aus. Keiner konnte ihr das nachmachen. Aber am meisten bestaunten wir ihre Zungenfertigkeit, weniger wegen ihrer Sprachbegabung als vielmehr wegen der Leichtigkeit, mit der sie den Stengel einer Kirsche im geschlossenen Mund nur mit Hilfe der Zunge zu verknoten wußte.

Auch aus dem »Studio Rom« der ARD brachte sie nach ihren Interviews und der Berichterstattung für die Tagesthemen viel Spannendes mit, von dem ich anfangs zwar nicht viel verstand, das aber doch zunehmend unseren Horizont erweiterte und uns prägte.

Das Wort »Streß« gab es nicht in ihrem Wortschatz, ja es war für sie sogar ein »Unwort«; wohl aber hörten wir sie uns »hurtig, hurtig« ermahnen, da es ihr fast nie schnell genug gehen konnte. Ihre Schnelligkeit und Aufmerksamkeit waren verblüffend. Sie konnte zwei Sachen auf einmal erledigen. Wenn ich sie dabei ertappte, daß ich nur die zweite Sache für sie war, wurde ich traurig, aber auch die mamma wurde dann traurig, und gemeinsam versuchten wir, uns aus diesem Sumpf zu ziehen. Noch heute muß ich mich wundern, wie sie soviel leisten konnte und dazu ein stets gastfreundliches Haus führte.

Mir war bewußt, daß wir sie mit aktiver Haushaltshilfe unterstützen mußten und trotzdem unsere Schulpflichten nicht vergessen durften. Wir besaßen die Vorstellung, die wir wohl mit der Muttermilch aufgenommen hatten, daß

Frauen nicht nur in der Familie aufgehen sollten. So hatten wir eine mamma, die uns auch an ihrem beruflichen Leben teilhaben lassen konnte und uns mit geistigen Anregungen bereicherte.

In vielen Berichten setzte sie sich mit dem Thema Frauen, Beruf und Familie auseinander, weil sie auch in ihrer persönlichen Situation, wie durch ein Brennglas, das große soziale Drama der italienischen Innenpolitik wiedererkannte. Denn Italien begann in dieser Zeit, den großen Rückstand in der Frauenemanzipation im Vergleich zu anderen europäischen Staaten aufzuholen, was zu großer Polarisierung und Spannung in der Gesellschaft führte. Sie selbst fiel sicher aus dem Rahmen; als Tochter antifaschistischer, intellektueller Eltern und Emigranten war sie hellwach für die Frauenfrage und maß die italienische Wirklichkeit unerbittlich. Aus der Fülle der Ereignisse nahm sie die wesentlichen Details und berichtete darüber.

Sie hatte das Glück, einen Mann zu haben, der sie nicht nur mit Worten verstand und unterstützte. Bis in die Küche hinein trug er mit an der ganzen familiären Verantwortung und spornte jede Frau an, sich in Familie und Beruf zu verwirklichen. In der häuslichen Emanzipation schien er mir fortschrittlicher zu sein als die Väter vieler Schulfreundinnen.

Das waren auch die Themen, auf die ich persönlich am meisten ansprach: die italienischen Familien, mit ihren guten und schlechten Seiten. Nie nahm die mamma einseitig feministische oder gar männerfeindliche Positionen ein. Ein Kampf gegen »den Mann«, das war ihre Sache nicht. Darüber diskutierten wir zwar eifrig, als wir von einer Demon-

stration feministischer Extremistinnen kamen, mit Slogans gegen den Mann als Ausbeuter und gegen männliche Vorherrschaft in der Gesellschaft. Sie ließ sich allerdings nicht von ihrer Position abbringen. In unseren kleinen Fiat gepreßt, ging es in heißen Diskussionen um die gemeinsame Emanzipation mit dem Mann zusammen – »er ist ja auch nicht ein Ganzes – oder?«

Sie erzählte mit Leidenschaft, welche Fortschritte von den italienischen Frauen schon erreicht worden waren: bei der Geburtenkontrolle, bei Familienplanung, bei der Scheidung, und alles gegen den Widerstand des Vatikan. Was versteht die einfache Frau in Kalabrien dagegen von feministischen Sprüchen?

Die überkommene Tradition der ungleichen Geschlechterrollen und die italienische Art der Kindererziehung hat sie gefesselt, obwohl es für ihren starken, fast altrömisch zu nennenden Bürgersinn dort oft viel zu anarchisch und chaotisch zuging, aber sie liebte die blühende Fröhlichkeit und Phantasie und die Kraft, die daraus für sie erwuchs. Bei der Erziehung ihrer eigenen Kinder bemühte sie sich, konsequente und starke Prinzipien mit großzügiger Liberalität zu vermischen. Aber nichts auf der Welt war für sie vollkommen, auch sie sich selbst nicht.

Sie war in diesen frühen Jahren so sehr mit Arbeit überhäuft: Wir wohnten weit entfernt vom historischen Zentrum und hatten alle einen weiten Weg zur Schule und Arbeit, der nur mit dem Auto zu schaffen war. Unsere Zeiten waren immer fein abgestimmt. Zum Mittagessen traf sich nach gesunder italienischer Tradition die ganze Familie zu Hause. Nach der Schule begab ich mich zu Fuß oder mit dem Bus zum ARD-Studio in der Nähe der Piazza di Spagna, um von dort mit der mamma im Auto nach Hause zu fahren. Das Studio Rom wurde so mein Bezugs- und Angelpunkt. Die mamma hatte oft um die Mittagszeit einen Tiefpunkt, den sie mit einem halben Glas Wein und einem Stück Brot zu überbrücken gewohnt war: Wieder einmal war es an einem sonnigen Tag so. Sie bat mich bei Vino ed Olio in der Via della Croce ein Gläschen für sie zu besorgen. Inzwischen wollte sie das Auto holen und mich von dort mitnehmen. Nun – das war kein Problem. Ich kaufte das Glas Wein und hielt es im Verkehrsgewühl hoch und wartete. Gehorsam stand ich da an der Straße – die Minuten dehnten sich – und wartete mit dem Wein in der Hand. Niemand kam, niemand holte mich ab. Aus den Minuten wurde eine Stunde und noch eine halbe Stunde, bis die mamma endlich erschien. Zwar hatte ich keine Angst um sie oder um mich gehabt. Vielmehr befürchtete ich eher eine Regierungskrise, den Tod unseres Staatspräsidenten oder ein Attentat auf einen Politiker, die mamma war ja immer im Dienst, das hatten wir oft schon erlebt. Sie war jedoch einfach gefahren und fast zu Hause angekommen, da merkte sie, daß sie ihr Brot nicht gegessen, ihren Wein nicht getrunken und die Tochter vergessen hatte. Nun hatten wir unsere Anekdote über die mehrfach belastete Hausfrau, Ehefrau, mamma und Journalistin. Und das blieb auch kein Einzelfall, denn auch meinen Vater, voll mit Einkaufstüten bepackt, vergaß sie einmal vor dem Supermarkt.

Ohne Zweifel hat sich in Italien die Lage der Frauen dank der Gleichberechtigungskämpfe entscheidend verän-

dert. Die öffentlichen Einrichtungen haben versucht, sich den neuen Bedürfnissen anzupassen. Es gibt bedeutende Fortschritte, damit Frauen sich beruflich engagieren können. So haben sich die Öffnungszeiten der Grundschulen geändert, sie sind in der Regel bis 16 Uhr geöffnet. Trotzdem bleibt die Familie noch das fest zusammenhaltende Gebilde vom gemeinsamen Eßtisch bis hin zur Versorgung der Großeltern und Enkel unter der herausragenden Rolle der mamma.

Wir Kinder beließen es nicht beim Diskutieren zu Hause. Sehr früh fanden wir den Weg zum politischen Engagement in der 68er-Bewegung, die am Ende auch einige Freunde in einen tragischen, sinnlosen Sog riß. Natürlich testeten wir unsere Fähigkeit zur Opposition zuerst an unseren Eltern und luden auch unsere Freunde zum Mitmachen ein. Die mamma und vor allem babbo mußten mit ihren politischen Erfahrungen einen neuen Kampf fechten, um unsere Freunde vor sich radikalisierenden Irrtümern zu bewahren.

»Mamma, du bist wirklich die konservativste von uns allen!« riefen wir oft. Stolz und selbstbewußt bestand sie darauf, uns nie zu verraten, für welche Partei sie stimmen würde. »Wir leben in einer Demokratie, die Wahl ist ihr wichtigstes Geheimnis, und so soll es auch bleiben.«

Wenn wir in unserem politischen Engagement auch ganz frei waren, durften wir unsere Pflichten in der Schule und zu Hause nie vernachlässigen. Wichtig war, daß wir unsere Kämpfe mit Überzeugung führten und auch bereit waren, die Konsequenzen zu tragen. »Schmarotzer gibt es hier nicht, und schon gar nicht im Namen der Arbeiterklasse«, hielt sie unserer pubertären Faulheit entgegen. Sie selbst war ja im

Geiste strikter Moralauffassungen erzogen worden, gewissermaßen im Namen des Sozialismus. Erziehung war ihre Leidenschaft bis zu ihren letzten Lebenstagen, und kritisch hat sie sich als willkommene Ratgeberin und auch kämpferisch in die Erziehung ihrer Enkel eingemischt. Sie war überzeugt von der Richtigkeit dieser Haltung, obwohl sie immer offen für Kritik blieb, ihr Prinzip war das des »non mollare«, des Nicht-Lockerlassens.

Ihre Berichte für die ARD konnte ich nur selten im Fernsehen anschauen, wohl aber deren Entstehung verfolgen. Manchmal durfte ich im Studio neben der mamma stehen, bei ihren ersten Aufnahmen oder Offs, und habe gelernt, wie wichtig der Schnitt eines Filmes und die gute Zusammenarbeit mit dem Kamerateam und der Cutterin für das Gelingen der Sendung sind. Sie legte größten Wert darauf, daß das Klima stimmte, um bei der Arbeit ein gutes Resultat zu erzielen. Daraus sind Freundschaften hervorgegangen, die uns bis heute begleiten. Aber auf die Wurzeln in der Familie hätte sie nie verzichten können. Der öffentliche Erfolg war ihr weniger wichtig. Das hat uns gemeinsam »getragen«, ohne daß viel dazu gesagt werden mußte. Es war dasselbe Gefühl wie beim gemeinsamen Kochen: Sie hat mich nie bewußt kochen gelehrt, ich war einfach dabei. Wir haben erzählt und diskutiert, während das Wasser für die Pasta kochte, der Sugo brutzelte und Parmigiano gerieben wurde.

Das »Studio Rom« war für mich fast ein zweites Heim geworden, wo ich mamma allein sehen konnte, obgleich sie meistens unter Termindruck stand – ich konnte dann ein wenig Freizeit und Stadtleben genießen. Von dort aus habe ich meine ersten selbständigen Spaziergänge durch Rom unternommen. Manchmal hatte ich das Glück, mit ihr zu »lädele« oder im Caffè Greco eine Tramezzino-Pause einzulegen.

Das Caffè Greco wurde in den Jahren unser liebster Treffpunkt. Es war die Kunst, die Tradition des Ortes, der genius loci, die hier zu verspürende Nähe zwischen italienischem und europäischem Kunstsinn in Malerei, in Literatur und die sichtbare Sehnsucht nach dem Arkadien im Süden. Für die mamma war es ein Ort des Zu-Hause-Seins, denn auch das ARD-Studio befand sich in unmittelbarer Nähe. Wir erfreuten uns an der sichtbaren Geschichte dieses Ortes und an den Bildern, die wir immer wieder betrachteten. Wir standen an der Theke, in einer Hand ein panino al pollo, in der anderen ein paradiso, und plauderten gern über die anwesenden römischen Damen und Herren, notfalls, wenn es heikel war, auf schweizerdeutsch, oder die mamma befragte die Kellner zu deren Meinung zu politischen Ereignissen, Touristen und zu der Teuerung des Kaffees. Noch heute bedient mich der gleiche Kellner von damals und freut sich über jedes Wiedersehen, wenn nun mammas Enkel ihren Anspruch auf ein frisches Eis eingelöst sehen wollen.

Vom Caffè Greco aus gingen wir spazieren, wenn wir ein wenig Zeit für uns hatten oder wenn sie über das Einkaufen in Rom oder über Modeschöpfer schreiben mußte. Dabei sahen wir auf die Schaufenster ebenso wie auf die barocken Fenstersimse und Kirchenfassaden, wir hatten Freude an der Schönheit der Stadt, an der wir beide hingen. Stark war ihr Interesse an der Geschichte. Wir sprachen ausführlich über die Literaten oder Maler, denen die vielen Gedenktafeln gewidmet sind, bis ich ihr schließlich dank meines Studiums *mehr über die Einzelheiten der Palazzi erzählen konnte als sie mir. Die Gespräche wurden in die Besuche der Geschäfte eingeflochten – schweigen konnten wir nie.*

Als ich zwölfjährig mit ihr durch die Via Frattina ging, wir waren für wichtige berufliche Termine unterwegs, sah ich ein Armband: »Mamma«, *fragte ich*, »könntest du mir das nicht schenken?« *Sie staunte sprachlos:* »Es gibt keinen Anlaß im Moment, um 12.000 Lire auszugeben.« *–* »Oh, doch«, *sagte ich.* »Die Sympathie.« *– Sie konnte nicht widersprechen.*

In der Mode waren wir gegensätzlicher Ansicht und freuten uns nachträglich oft, wie wir um unsere Auffassungen gerungen hatten. Dem rebellischen Zeitgeist entsprechend legte ich kaum Wert auf Äußerlichkeiten, sie aber versuchte mich von ihrem klassischen Geschmack zu überzeugen. Sie erschien auf dem Bildschirm so, wie wir sie kannten. Trotzdem schrieb sie gern ihre Modeberichte, ich glaube, weil sie sich mit ihrem Stil über den Zeiten stehend fühlte. Ihre Neigungen waren insoweit eindeutig.

Mamma machte kein Geheimnis aus ihrer freundlichen Haltung gegenüber dem männlichen Geschlecht und führte das auf die große Zuwendung, die sie von ihrem Großvater bekommen hatte, zurück. Ich denke da an meinen »babbo«. Er hatte immer Zeit für sie und hat es sie nie merken lassen, wenn er sie vielleicht nicht hatte.

Frisch verliebt hatten sie sich einst in Bologna verabredet. Mamma mußte ihn mehrere Stunden an einem Brunnen am Marktplatz warten lassen. Ruhe und Geduld waren seine Stärken im Privaten. Ganz anders als in der Politik, wo er den Kampf gegen den Stalinismus in der KPI aufnahm, *bevor die Geschichte dafür reif schien – und doch hatte er recht. »Seht ihr, Kinder, es hat sich gelohnt.« Das war für uns die Moral der Geschichte im doppelten Sinn dieses Wortes. Ich hatte von der Beziehung unserer Eltern die Vorstellung einer gelungenen Einheit. Auch wenn sie täglich kontrovers diskutierten und in den alltäglichen Dingen oder in unserer Erziehung oder in Weltanschauungsfragen nicht gleicher Meinung waren. Denn sie hatten die Fähigkeit, sich auch in Auseinandersetzungen im richtigen Moment auffangen zu können. In dem Bericht »Über italienische Männer« von 1975 (s. S. 87) sehe ich ganz deutlich auch eine Würdigung meines babbo und ihrer Beziehung. Er war als italienischer Mann eine Ausnahme im Verhältnis zu seiner Frau: Er ermunterte die mamma zu Selbständigkeit im Denken und Handeln. Ihre Gemeinsamkeiten waren: innere Freiheit, das eigene Gewissen und gegenseitige Toleranz.*

Wenn die Zeitungen gekauft wurden, stürzten sich alle wie Raubtiere auf die Beute, jeder wollte der erste sein. Doch mamma sagte, »das ist Arbeit«, und sie gewann. Im Auto zu lesen, während sie fuhr, war kategorisch untersagt: »Ich bin nicht dein Chauffeur.« Alle vier saßen wir in den Fiat 600 gepreßt, der Weg zur Schule war lang, also ein Ort, wo keiner entrinnen konnte, ideal geeignet für die Fortsetzung der Erziehung. Latein und Griechisch wurden wiederholt, Geschichte geprüft, unser Verhalten gemaßregelt, die politischen Meinungen ausgetauscht, der Pflichten erinnert, und hier durfte die mamma sogar singen, weil kein anderer zuhören konnte, denn Singen war ihre große Freude, aber überhaupt nicht ihr Talent. In ihrem Schweizer Schulchor hatte sie deshalb Singverbot erhalten. Sie mußte bei allen öffentlichen Auftritten des Chors, in sicher gutgemeinter Absicht, stumm wie ein Fisch, den Mund mitbewegen, um den Gesang nicht zu stören. Es sollte nicht das letzte Mal sein, daß sie nicht in den Chor der öffentlichen Meinungen hineinpaßte. »Aber den babbo habe ich auch geheiratet, weil er mir beim Singen zuhören kann.«

Der Bürgersinn der mamma überstieg so manches Vorstellungsvermögen. Durch die väterliche, stark moralisch geprägte Erziehung zur Pflichterfüllung, gemischt mit dem im Schweizer Exil vermittelten Ordnungssinn, ergab sich ein Cocktail von sozialer Gesinnung, mit dem sie viele Römer verwirrt hat – für mich ahnungslose Tochter, die als Kind die Berechtigung ihres Anliegens oft nicht beurteilen konnte, oft ein Grund, lieber im Erdboden zu versinken, als tapfer an ihrer Seite zu stehen. Wer die harten Geduldsproben kennt, die italienische Banken ihren Kunden abverlangen, obwohl die doch nur deren Geld verwalten, kann verstehen, daß unsere mamma eine von den Bankdirektoren gefürchtete Kundin wurde. Wenn sie eine Mutter sah, die ihrem Kind die Schulmappe hinterhertrug, konnte niemand sie abhalten, mit äußerster Zuvorkommenheit an diese heranzutreten und ihr mit dem gewinnendsten Lächeln einen Vortrag über Würde, Respekt und Arbeit zu halten, und tatsächlich setzte sie sich meistens durch.

Wieviel kann man mit Kindern und durch Kinder erleben und erzählen. Das Schicksal der Kinder interessierte sie nicht nur im Rahmen der eigenen Familie. Ihre Spiele, die Kinderarbeit, der Kinderverkauf, die Gewalt gegen Kinder, das holte sie auch im bella italia ans Licht. Oft maßregelte sie die Mütter oder die Väter, sie konnte der Gewalt gegen

Kinder nicht unbeteiligt zusehen. Sie mischte sich ein. Ich meine nicht nur bei einer gelegentlichen Ohrfeige, eine in Italien noch sehr verbreitete Tradition; ich kann mich erinnern, daß wir Eltern gesehen haben, denen das italienische Temperament restlos entgleiste, die ihre Kinder auf der Straße regelrecht verprügelten. Das war für uns ein entsetzlicher Anblick, der zum Eingreifen herausforderte.

Pinocchio war auch für uns die Figur der Kindheit. Die mamma hatte uns von ihm vorgelesen. Man konnte kein Italiener sein, ohne von Pinocchio zu wissen. Doch in unserer Kindheit wurde nie mit der langen Nase gedroht; dieser Pinocchio als Lügenschreck für kleine Kinder war für uns nur marginal im Gegensatz zu seinem beschwerlicheren Weg, Mensch zu werden und gut zu sein. Wahrheit um jeden Preis ist nicht immer menschlich. Wir wurden zur »verità storia« erzogen, aber: Es gibt Situationen, für die man zu lügen lernen muß, um Menschen zu schützen, zu retten, oder um nicht unnötig zu verletzen. Das Gewissen ist die zentrale Botschaft in Pinocchio, verkörpert durch die Grille. Die Grille versucht Pinocchios Gewissen anzusprechen. Wir haben die mamma mit ihr identifiziert und ihr beigebracht, fortan Grillen zu sammeln: »Aber paß auf«, sagte Marco oft, »sie wird von Pinocchio mit dem Hammer erschlagen, bevor er doch auf den rechten Weg kommt.«

Einer der schönsten Berichte der mamma ist für mich jener über die italienische Gestik, gedreht in Neapel, der leider nur als Film seine Poesie entfaltet und an dem sie mit unbeschreiblicher Freude gearbeitet hat. Sie stellte zum Teil mit versteckter Kamera die ganze Vielfalt der sprechenden Hände dar. Wir hatten die ganze Kindheit die Ermahnungen gehört: *Man spricht nicht mit den Händen, es gehört sich nicht,* usw. Wie aber sollten wir das schaffen in unserem Land, wo alles mit den Händen schon gesagt ist, bevor die Lippen umständlich die Worte geformt haben? Und plötzlich erlebte ich mamma ganz anders, als tauchte sie in eine andere Welt ein. Es wurden viele Bücher über dieses Thema herangeschafft, und die mamma verschlang sie alle. Sie wollte als junges Mädchen Schauspielerin werden, ein unerfüllter Wunsch, der ihr die Idee zu dem Film wohl gegeben hat. Sie suchte nach den kulturgeschichtlichen Wurzeln, und eines Tages verschwand das Stillhaltegebot, unsere Hände hatten ihre Freiheit.

Trotz ihrer Begeisterung für diese stille Sprache liebte sie es laut. Lärm hat die mamma nie gestört – fast nie! Sie erzählte von dem Glück der Kollegen, wenn sie auf Dienstreisen im Hotel immer das Zimmer nahm, welches sonst niemand wollte: das im ersten Stock, möglichst mit Fenster zu einer stark befahrenen Kreuzung, am liebsten mit Eisenbahn oder Straßenbahnen davor. Sie liebte den Lärm des Stadtlebens von Rom her. Verwunderlich, daß ihr trotzdem nicht die Liebe zur Natur und dem natürlichen Leben fehlte. Die Stille aber machte ihr angst. Sie wußte nicht, was sich dahinter verbergen konnte. Sie fürchtete Teppiche und dergleichen, die jeden Schritt und jeden Laut verschlucken. Wenn Freunde, Kollegen oder Bekannte zu Gast waren und sich auf gar zu leisen Sohlen an mammas Schlafzimmer, und sei es zur Mitternacht in freundlichster Rücksichtnahme, vorbeischlichen, drückte sie ihnen am nächsten Tag eine Schweizer Kuhglocke in die Hand, mit der sie sich schon von weitem laut läutend ankündigen sollten. Wir haben wirklich Mühe, uns an Ermahnungen zur Ruhe während der Kindheit zu erinnern. Mit unserer Lautstärke hatten wir Tag und Nacht freie Bahn.

Erstaunt war ich über den Bericht zur Vespa. Nachdem sie in der Familie das Vespafahren verboten hatte, kam so ein heiterer Bericht. Zwar gab sie zu, daß sie mit unserem babbo die Toskana auf der Vespa bereist hatte, um uns hatte sie jedoch zuviel Angst.

Dafür gab mir ihre Teilnahme am römischen Stadtverkehr in unserem Fiat 600 guten Anlaß zum Spott – niemand ist ohne Widersprüche. »Bisogna snellire il traffico (man muß den Verkehr am Laufen halten)«, mahnte sie zwar mit Ungeduld, fuhr aber dann doch, wie sie es für richtig hielt, gelegentlich ohne jeden Respekt vor den herrschenden Regeln, und fand doch den Weg nach vorn in die erste Reihe vor der Ampel, für den 600 ein leichteres Spiel als für Limousinen. Sie konnte tadellos in kürzester Zeit einen Reifen wechseln, sogar nachts, und war stolz darauf, ein altes Klischee widerlegen zu können.

Aber sie war abergläubisch, wie ich es bei keinem anderen Menschen je erlebt habe. Das ärgerte sie selbst, doch sie duldete keine Kritik und wollte auf gar keinen Fall, daß wir es auch werden. Sie entwickelte sich zur Spezialistin für jede Art des Aberglaubens der Länder, die sie bereist hatte. Bekannte, ja sogar neu gewonnene Freunde richteten Entsetzliches an, wenn sie ihr Chrysanthemen brachten; sie verschwand plötzlich aus der Tafelrunde, wenn ein 13. Gast unangemeldet erschien. Schuhe kaufte sie mit unserem babbo nie, denn aus dem fernen Lappland hatte sie gehört, »daß man sonst mit diesen weglaufen könnte«. Nie durfte *ein Hut auf dem Bett liegen, ein Regenschirm in der Wohnung aufgespannt werden, und in ihrer Handtasche hielt ein Amulett Wache, und ein Glücksbringer hütete das Portemonnaie. Widersprachen sich die abergläubischen Regeln verschiedener Länder, versuchte sie, allen gerecht zu werden.*

Sie hat sich vergeblich nach dem Grund ihres Aberglaubens gefragt. Sie wußte nur, daß dieser erst nach dem Tod ihrer Mutter richtig eingesetzt hatte. Wenn sie beim Autofahren einen Leichenwagen hinter sich bemerkte, ließ sie ihn sofort vorbei, um den Fall abergläubisch abzuklären: war er leer, klopfte sie auf Eisen und zeigte mit dem kleinen Finger und dem Zeigefinger die berühmten Hörner – der Tod solle fern bleiben –; war ein Sarg darin, schickte sie herzliche Küsse hinterher.

Als sie starb, als wir vor ihrem Sarg standen, dachte ich an ihre Worte: »Bambini, und wenn ich tot bin, seid nicht traurig. Erinnert euch immer daran: Ich habe ein volles und glückliches Leben gehabt, mit babbo und euch zusammen«!

Sabina Magnani-von Petersdorff

ITALIENISCHE
EHEN

Die Scheidung – ein soziales Problem in Italien

DIE ZAHLREICHEN EHEDRAMEN und Eheskandale, die die Spalten der italienischen Blätter füllen, sind wohl nur zum Teil der lateinischen Leidenschaftlichkeit zuzuschreiben; mitverantwortlich sind oft auch die heutigen Gesetze, welche den Menschen, die einmal geheiratet haben, nicht die Möglichkeit bieten, diese Bindung zu lösen, auch wenn sie sich im Laufe der Jahre als katastrophal erwiesen hat. Es sind diese Tragödien – besonders die der darin verwickelten Kinder –, welche von Zeit zu Zeit das Problem der Scheidung auch in Italien aufwerfen.

Als Italien 1946 seine erste republikanische Verfassung ausarbeitete, glaubte man, daß einer der heftigsten Kämpfe der Einführung der Scheidung gelten würde. Doch als es den Christdemokraten in der verfassunggebenden Versammlung gelang, die von Mussolini unterzeichneten Lateranverträge von 1929 in die neue Verfassung einzufügen, wurde allen bald klar, daß den Italienern die Möglichkeit, sich scheiden zu lassen, noch für lange Zeit verwehrt würde. (Auch die Kommunisten stimmten damals aus taktischen Gründen dafür.) Artikel 34 des Konkordats zwischen dem faschistischen Staat und dem Vatikan setzt nämlich fest, daß die kirchliche Trauung automatisch auch zivil anerkannt wird. Die Ziviltrauung besteht wohl noch, hat aber nur für den Staat Gültigkeit und wird von der Kirche als »Konkubinat« verurteilt. Die Scheidung bleibt also allen Italienern verwehrt, sowohl den Katholiken als auch den wenigen, die eine Ziviltrauung vorziehen.

Der Kampf um die Scheidung ist durchaus nicht jüngsten Datums. Seit 1873 wurden bereits zehn Anträge gestellt, die jedoch regelmäßig wegen Ablauf der Legislaturperiode verfielen oder nicht angenommen wurden. Es waren damals wie heute beinahe ausschließlich Linkskräfte, welche sich dafür einsetzten. Heute ist es der linkssozialistische Abgeordnete Sansone, der mit großer Hartnäckigkeit dafür eintritt, daß auch in Italien die Scheidung eingeführt werde.

Sansone stellte seinen Antrag zum erstenmal im Oktober 1954. Obschon er seinen Antrag offiziell »Gesetzentwurf zur Auflösung der Ehe« nennt, spricht man im Land allgemein von »piccolo divorzio«, der »kleinen Scheidung«. Diese »kleine« sollte sich von der allgemeinen Scheidung darin unterscheiden, daß nur in ganz bestimmten Fällen die Scheidung zweier Menschen gestattet werden sollte. Zum Beispiel, wenn einer der Partner zu 15 oder mehr Jahren Zuchthaus verurteilt wurde, wenn einer geisteskrank ist und seit über fünf Jahren in einer Anstalt versorgt ist oder wenn versuchter Gattenmord nachgewiesen werden konnte.

In einem Land, in welchem jung geheiratet wird (besonders im Süden), geht jährlich eine große Zahl von Ehen in die Brüche. Man schätzt diese Paare ungefähr auf 40.000 jährlich. Beschränkt man sich auf die letzten 20 Jahre und bedenkt man, daß in den früheren Jahren die Ehekrisen nicht so häufig waren, so kann man annehmen, daß heute ungefähr 500.000 Paare getrennt leben. Nimmt man an, daß jeder Getrennte durchschnittlich zwei Kinder »illegal« in die Welt setzt, so ergibt sich, daß ungefähr vier Millionen Italiener außerhalb des Gesetzes leben.

Hat ein italienischer Staatsbürger überhaupt keine Möglichkeit, sich von seinem Ehepartner zu trennen und wieder zu heiraten? Abgesehen von der legalen Trennung (die ihm aber eine Wiederheirat unmöglich macht), steht ihm die im allgemeinen recht kostspielige und deshalb nur wenigen Bevorzugten gegebene Möglichkeit der Annullierung (Nichtigkeitserklärung) der Ehe durch ein kirchliches Tribunal, die Sacra Rota, offen.

Auch die Sacra Rota kann eine Ehe im Normalfall nicht lösen; sie kann aber unter Umständen eine Ehe als nichtig erklären; zum Beispiel, wenn nachgewiesen werden kann, daß die Einwilligung zur Eheschließung von einem der Partner mit Gewalt erzwungen wurde, wenn eine Nichtbeachtung der vom kirchlichen Gesetzgeber geforderten Formalitäten vorliegt, wenn Impotenz nachgewiesen wird, wenn einer der Partner an ein Keuschheitsgelübde gebunden ist, bei Blutsverwandtschaft usw. (Nur in zwei Fällen kann die Sacra Rota eine Ehe lösen: wenn der Trauung nicht die physische Ehe gefolgt ist oder wenn nach der Trauung zwischen zwei nicht Getauften der eine die Taufe verlangt und nicht mehr gewillt ist, mit dem anderen zusammenzuleben.)

Einer Annullierung geht stets eine langwierige Prozedur voraus: die Suche nach Dokumenten, Beweismaterial, Zeugen und Begutachtungen. Nur die wenigsten Gesuche werden positiv beschieden. Obschon immer wieder betont wird, daß die Sacra Rota bestimmte Fälle auch völlig kostenlos »behandelt«, ist es doch eine Tatsache, daß es sich bei der überwiegenden Mehrheit derjenigen, deren Ehen annulliert wurden, um bekannte und prominente Persönlichkeiten handelt. Dies hat zur allgemeinen Meinung beigetragen, daß nur vermögende Leute die Chance haben, eine Ehe zu annullieren und eine neue einzugehen.

Vielen Paaren bleibt ein anderer Ausweg offen, nämlich sich im Ausland scheiden zu lassen und dort zu heiraten, wie es zum Beispiel der bekannte Filmproduzent Ponti und Sophia Loren getan haben, oder der verstorbene Rennfahrer Coppi. Kommen diese Paare jedoch nach Italien zurück, so laufen sie Gefahr, wegen Bigamie angeklagt und eingesperrt zu werden.

Interessant ist, daß trotz der vielen Fälle, die großes Aufsehen erregen, die Mehrzahl der Italiener gegen die Einführung der Scheidung ist. Eine Umfrage hat ergeben, daß bloß 21 Prozent der Italiener dafür waren, während 42 Prozent dagegen sind; die übrigen sind in ihrem Urteil unsicher. Zum Teil beruht dieses Ergebnis auf dem Mißtrauen, das die Italiener allen neuen Einführungen entgegenbringen.

24. 5. 1960

Nicht der eigenen Frau

VOR KURZEM FAND IN ROM DIE »Nationale Tagung« der kommunistischen Frauen statt. Die Debatten vor und während dieser Konferenz werfen ein interessantes Bild auf den derzeitigen Stand der Frauenemanzipation in Italien.

Die kommunistische Partei dieses Landes zählt heute ungefähr 540.000 weibliche Mitglieder. Unter den nach Rom entsandten Delegierten waren erstaunlich viele junge, gutaussehende und anmutige Frauen. Es war zweifellos ein wesentlich anderes Bild als das der ersten Nachkriegstagungen; die Blaustrumpf-Karikaturisten der zwanziger Jahre hätten gestaunt. Erstaunlich waren auch die Reden während dieser Konferenz: Vorab wurde Kritik angemeldet – Kritik nicht nur an der Gesellschaft, sondern auch an den »Genossen«. Dies unterstreicht den Verdacht, daß die italienischen Kommunisten genau wie ihre politisch andersdenkenden Landsmänner mit der Gleichberechtigung der Frauen nicht viel im Sinn haben.

Die Kommunistische Partei Italiens steht tatsächlich zur Frage der Gleichberechtigung fast ebenso konservativ und traditionsgebunden wie die anderen italienischen Parteien. Selbst in den Parteien, die zum Vortrupp dieser Bewegung gehören sollten, steckt die Gleichberechtigungspraxis noch in den Kinderschuhen. In der Theorie tritt man wohl mit mehr oder weniger Temperament dafür ein, aber die alltägliche Wirklichkeit hinkt hinter diesen Theorien her. »Der (kommunistischen) Partei ist es nicht gelungen, im politischen Leben den herkömmlichen Abstand zwischen Mann und Frau zu überbrücken«; das mußte selbst die Abgeordnete Nilde Jotti, Gefährtin des Parteisekretärs Togliatti, offen zugeben.

Ein »fortschrittlich« denkender Italiener antwortete auf die Frage, ob er wirklich für die Gleichberechtigung eintrete: »Gewiß, aber mehr für die der anderen als für die meiner Frau!« Das war ein Scherz. Aber er gibt die Haltung der meisten Italiener gegenüber dieser unbequemen Frage exakt wieder. Vor einer Frau, die sich selbst als »weiblich hilflos« bezeichnet, läßt sich leichter den starken Mann spielen als vor einer Frau, die sich ihrer Pflichten und Rechte bewußt ist. Und da die männliche Überlegenheit nicht selten tatsächlich nur gespielt wird, in Wahrheit aber gar nicht vorhanden ist, gibt es in Italien eine Krise der Familie. Hier ist die Familie zwar auch nicht mehr so traditionsverhaftet wie zu Großmutters Zeiten, doch hat sie sich den Wandlungen im Gefüge der Gesellschaft noch keineswegs so angepaßt, wie dies in vielen anderen europäischen Staaten bereits geschehen ist. Sie ist in eine Sackgasse geraten.

Zwischen dem hochindustrialisierten Norditalien und dem bäuerlichen Süden des Landes existieren große Unterschiede in der Gesellschaftsstruktur. Doch auch in oberitalienischen Provinzstädten wird kaum eine Frau nur aus persönlicher Neigung einem Beruf nachgehen, es sei denn, ihr Mann hat es ausdrücklich gestattet, und das kommt nur ganz selten vor. (Etwas anderes ist natürlich die Erwerbstätigkeit der Verheirateten zur Milderung der wirtschaftlichen Notlage ihrer Familie.)

Ein tiefer Riß geht durch das Land: Fragen der Familie, der Ehe und der Ehescheidung werden etwa im norditalienischen Padua völlig anders beurteilt als im süditalienischen Brindisi. Während die kommunistischen Wählermassen Süditaliens zum Beispiel die Ehescheidung entsprechend kirchlich-konservativer Anschauung strikt ablehnen, muß sich in Norditalien sogar die Kommunistische Partei Kritik gefallen lassen, weil sie seinerzeit aus taktischen Erwägungen das Konkordat zwischen dem Heiligen Stuhl und der italienischen Regierung stillschweigend hinnahm: 1947 stimmten die Kommunisten mit den Rechtsparteien für die Übernahme der zwischen Mussolini und der katholischen Kirche getroffenen Konkordatsabmachungen in die republikanische Verfassung. So kommt es, daß das italienische Recht bis zur Stunde keine Ehescheidung kennt. Inzwischen hat es sich allerdings in weiten Kreisen herumgesprochen, daß diese Konzession ein grober Fehler war.

Zweifellos setzt sich in Italien die überwiegende Mehrheit auch derer, die sozialistisch oder kommunistisch wählen, aus praktizierenden Katholiken zusammen, denen es selbstverständlich ist, ihre Kinder taufen, den Religionsunterricht besuchen und zur Erstkommunion gehen zu lassen. Dies gilt besonders für die weiblichen Wähler. Die Gewährung des Frauenstimmrechts kurz nach der Befreiung bildete den Auftakt zur Gleichberechtigung. Inzwischen aber ist die Emanzipation zum Stillstand gekommen, der Gleichberechtigungsgedanke ist dabei, einzutrocknen. Fünfzehn Jahre freiheitlicher Demokratie haben nicht genügt, der italienischen Frau eine politische Physiognomie zu geben. Zwar sind die Frauen seit vier Legislaturperioden in der Kammer und im Senat vertreten, aber nur zwei Gesetze gehen auf Urheberinnen zurück: das Bianchi-Dal-Cantone-Gesetz, mit dem das schmachvolle N. N. (non nominato) abgeschafft wurde, das bis dahin in den Personalausweisen unehelich Geborener vermerkt war und die Inhaber solcher Ausweise zeitlebens als uneheliche Kinder abstempelte; und das berühmt gewordene Merlin-Gesetz, das der Aufhebung der Bordelle galt.

Kritische Pressestimmen zur Gleichberechtigung weisen darauf hin, daß sich der Beitrag der »gleichberechtigten« Frauen zur Formung der modernen italienischen Gesellschaft auf diese beiden Gesetze beschränke. Und man schließt vielfach daraus, daß die Italienerin kein »politischer Mensch« sei. Hier läßt sich die Vermutung nicht von der Hand weisen, daß die Forderung nach absoluter Gleichberechtigung weite Kreise in panische Angst versetzt. Würde man sonst immer wieder hervorheben, daß die Verwirklichung dieser Forderung eine »vollständige Revolution« sei, die weder schnell noch unbekümmert in die Wege geleitet werden könne? Gewiß hat Italien noch viele andere Probleme politischen, sozialen und wirtschaftlichen Charakters zu bewältigen. Keines von ihnen ist aber »weit wichtiger« als die Gleichberechtigung; mit ihr ist vielmehr jedes dieser Probleme eng verknüpft.

Wenn eine bekannte Journalistin behauptet, die Frauen seien selbst daran schuld, daß ihnen die absolute Gleichberechtigung noch nicht gewährt worden sei, denn sie hätten mit dem Stimmrecht ein Mittel an der Hand, ihre Forderung zu erzwingen, so heißt das der Realität nicht ins Auge sehen. Jeder politische Beobachter in Italien weiß, daß bei Wahlen den Frauenstimmen nur ein relativer politischer Wert zukommt. Solange die Stimmabgabe hunderttausender Frauen von den politischen Ansichten der männlichen Familienoberhäupter abhängig ist; solange die Stimmabgabe von der »Angst vor der Hölle« beeinflußt wird; solange in den Notstandsgebieten ein Kilo Pasta (Teigwaren) oder ein Liter Olivenöl die Stimmabgabe beeinflussen kann; – solange diese Zustände andauern, kann von einem »Selbstverschulden« der Frauen wahrhaftig keine Rede sein.

26.4.1962

Die Italienerinnen vor den Wahlen

DIE MADONNA IST SEIT JEHER für die Italiener das Symbol der mütterlichen Mission der Frau. Die italienische Frau – welcher sozialen Schicht sie auch angehören mag – ist immer noch die unumstrittene Königin der Familie. Dadurch übt sie einen psychologischen Einfluß auf die Familie aus, der auch politisch nicht zu unterschätzen ist. 31 Millionen Italiener werden kommenden Sonntag über die Regionalregierungen abstimmen, über 18 Millionen davon sind Frauen. Zwei politische Mächte werben heute hauptsächlich um die entscheidenden Stimmen der Frauen: die Christdemokraten und die Kommunisten. Für welche dieser Parteien werden sich die Frauen entscheiden? Die Frage ist offen, doch in dieser Ungewißheit spiegelt sich auch die Unsicherheit der politischen Zukunft Italiens wider.

Radio Vatikan hat dieser Tage die Katholiken aufgefordert, am kommenden Sonntag gegen jene Parteien zu stimmen, die für die Einführung der Ehescheidung sind, im Klartext: Die Katholiken sollen die Democrazia Cristiana wählen. Die katholischen Frauen fühlen sich besonders angesprochen. Sie sehen in der Christdemokratischen Partei jene politische Kraft, die ihre sichere Stellung innerhalb der Familie garantiert.

Diese Sicherheit bedeutet im Süden aber oft Elend und Einsamkeit. Die Auswanderung der Männer, die Rückständigkeit und die Arbeitslosigkeit erschweren hier die Emanzipation der Frau. Trotz der Armut hat die Kommunistische Partei geringen Einfluß auf diese Frauen. Kirchen und Tradition bleiben die beiden obligaten Wege, die die Süditalienerin mit der Gesellschaft und der Politik verbinden. Wahlplakate, die auf die politische Bedeutung der Frauen hinweisen, bleiben hier unbeachtet. Politisch wirksam ist nur das Gespräch von Mensch zu Mensch. Wahlkampf ist im Süden fast eine persönliche Angelegenheit.

Die Christdemokratische Partei verknüpft ihre sozialen und politischen Ziele mit denen der Kirche, z. B. in der Scheidungsfrage. Die Stärke der Democrazia Cristiana im Süden beruht hauptsächlich auf den Frauen. Die Frauen hier, die nie zu einer Wahlversammlung gehen würden, glauben mehr an persönliche Versprechen einer Partei als z. B. an ihr Recht, eine Arbeit zu finden. Konfessionelle Schulen sind für die Democrazia Cristiana ein unschätzbares Bindeglied zu den Müttern. Während mit der Schulreform eine Beschränkung der in Italien sehr zahlreichen katholischen Schulen angestrebt wird, zieht es die italienische Mutter immer noch vor, ihre Kinder – besonders die kleineren – einer religiösen Führung zu überlassen. Die Süditalienerin, die mit der Ehe von der Obhut des Vaters direkt in die des Mannes übergeht, hat in diesem Punkt die letzte Entscheidung. Hier zeigt sich eine heimliche Dominanz der Frau.

Die Kommunistische Partei ist der wichtigste Gegenspieler der Christdemokraten im Kampf um die politische Gunst der Frauen. Aber auch die Italienerin, die kommunistisch wählt, verzichtet nicht auf ihre Mutterrolle. Il bambino wird mitgenommen, abends ins Kino genauso wie in die Trattoria oder auf eine Wahlveranstaltung. Parteivorsitzender Longo spricht zu den Frauen nicht über marxistische Theorie. Er spricht über konkrete Fragen, die den Alltag betreffen: Sozialreformen und Familie. Niemand kann sich hier außerhalb der Familie stellen, will er Stimmen gewinnen. Auch von der Scheidung sprechen die Kommunisten nur mit Vorsicht, denn die Mehrheit der Italienerinnen ist gegen die Ehescheidung.

Lukanien, Süditalien: Hier ist die Arbeitslosigkeit ein alltägliches Problem. Industriebetriebe fehlen, und der landwirtschaftliche Ertrag ist zu gering. Wir fragen ein Mitglied der Kommunistischen Partei, weshalb – trotz der Armut – so wenige Frauen im Süden politisch aktiv sind: »... weil die Frau hier nicht arbeitet. Das ist der wahre Unterschied zwischen der Frau im Süden und der im Norden. Dadurch ist die Frau hier rückständig; sie bleibt zu Hause ...«

Aber es gibt noch einen anderen Grund: Selbst ein Marxist ist nämlich nicht begeistert, wenn seine Frau abends ausgeht – und sei es auf eine Parteiversammlung. Die Kommunisten sind hier Marxisten auf italienisch.

31. 5. 1970

Die Problematik der Scheidung in Italien

DIE GEPLANTE EINFÜHRUNG der Ehescheidung wirft für Italien zwei bedeutende Probleme auf: eines eminent politischer, das andere mehr oder weniger wie überall – sozialer Natur.

Das politische Problem beruht auf dem Konkordat und insbesondere auf jenem Artikel 34 des unterzeichneten Vertrags zwischen Mussolini und dem Vatikan, auf Grund dessen kirchlich geschlossene Ehen auch zivilrechtlich gültig sind. Laut diesem Abkommen sind die Ehegesetze der katholischen Kirche ein Bestandteil der italienischen Rechtsordnung. Nun ist eine juristische Kontroverse zwischen Italien und dem Vatikan entbrannt, die die Souveränität des italienischen Staates berührt: Es geht um die vollständige Trennung von Staat und Kirche.

In Italien können sich die Bürger bisher nicht scheiden lassen, einerlei ob sie nun katholisch getraut worden sind oder zivilrechtlich. Die Familien bleiben, von außen gesehen, intakt, stabil und geeint. Die Wirklichkeit jedoch sieht ein wenig anders aus. Vier Millionen Italiener leben entweder legal getrennt oder in wilder Ehe. Unzählige aus solchen Bindungen stammende Kinder führen nicht den Namen des Vaters, sondern den Namen jenes Mannes, mit dem die Mutter vielleicht seit vielen Jahren nicht mehr zusammenkommt. Im Laufe des vergangenen Jahres hat sich jedes zehnte in Rom getraute Paar legal getrennt. Zählt man aber die legal getrennten zu den »de facto« getrennt lebenden Paaren hinzu und vergleicht man diese Zahl mit den Scheidungsziffern anderer europäischer Länder wie Frankreich, Deutschland oder Österreich, so ist der Unterschied nicht sehr wesentlich.

Das bekannte Meinungsforschungsinstitut »Doxa« hat im Laufe der letzten zwanzig Jahre die Italiener siebenmal nach ihren Ansichten über die Scheidung befragt. Danach nehmen die entschlossenen Ja-Sager langsam, aber stetig zu, die entschlossenen Gegner der Scheidung dagegen schneller und in höherem Maße ab: Die Zahl der Unentschlossenen ist jedoch noch beachtlich.

Eine detaillierte Untersuchung zeigt, daß die Befürworter der Scheidung in Städten über 100.000 Einwohner zahlreicher sind als in Kleinstädten; im Norden sitzen weit mehr Befürworter als im Süden. Das hängt damit zusammen, daß die Scheidungsfrage auch eng mit der Emanzipation und mit der jeweiligen wirtschaftlichen Lage verknüpft ist. Im Süden ist die Frau viel seltener berufstätig und viel mehr ihrer traditionellen Rolle verhaftet. Hinzu kommt das jahrhundertealte Mißtrauen dem Staat gegenüber. »Wer garantiert mir denn, daß mein geschiedener Mann mir auch pünktlich die Alimente zahlen wird?« lautet ein immer wieder vorgebrachter Einwand vieler Italienerinnen gegen die Scheidung.

Die meisten Scheidungsgegnerinnen stammen aus der Mittelschicht. Eine gescheiterte Ehe ist für viele dieser Frauen eine Niederlage, und zwar nicht nur eine persönliche, sondern auch – und das ist für sie schlimmer – eine gesellschaftliche. In der Mittelschicht sind auch die meisten männlichen Scheidungsgegner zu finden. Bei einer Scheidung hätten sie oft viel zu verlieren, in erster Linie die ihnen so sehr am Herzen liegende Familie. Innerhalb der Ehe jedoch können sie sich manchen Seitensprung ungestraft leisten – zu Hause werden sie stets die traditionelle treue Gattin und Mutter vorfinden, die ungekrönte Königin und Herrscherin der italienischen Familie, die auf Grund einer überkommenen Erziehung zur Opferbereitschaft manches – wenn auch nicht mehr alles – verzeiht.

Unter den Jugendlichen scheint sich einiges zu ändern. Sie beginnen das Problem der Scheidung als Gewissensfrage zu betrachten. Gewiß, auch sie fechten die »Familie« an, aber nicht so sehr wie in anderen Ländern. Der Hang zur »bella famiglia italiana« ist immer noch groß; die »Nonna« z. B., die Oma, ist eine wahre Institution innerhalb der Familie geblieben. Aber die Jugendlichen haben schneller erkannt, was viele Scheidungsgegner nicht sehen wollen: daß es nämlich in Italien praktisch schon keine unauflöslichen Ehen mehr gibt, wie die Zahl der in wilder Ehe Lebenden bestätigt. Viele Italiener tun nur gerne so, als würden sie weiterhin daran glauben.

1. 8. 1970

Die Italienerin zwischen Zwang und Freiheit

IN DEN MORGENSTUNDEN DES 1. Dezember 1970 wurde nach erregten Debatten das solang erwartete und heftig umstrittene Scheidungsgesetz verabschiedet. Endlich können die Italiener ihre Ehedramen humaner lösen als mit dem Messer. Die neue Situation führte zu einer Neubewertung der Rolle der Frau in Italien und stellte diese in den Brennpunkt der Polemik. Mit der nun möglichen Scheidung, die gegen den Willen der kirchlichen Dogmatiker im Vatikan erzwungen wurde, wird zum ersten Mal mit der Tradition gebrochen. Seit Jahrhunderten schrieben Staat und Kirche der italienischen Frau die Rolle zu, Dienerin des Mannes zu sein. Seine Macht war unantastbar. Thomas von Aquin meinte: »Die Frau ist nur ein zufälliges Wesen.« Doch nun hat die Italienerin echte Chancen in ihrem Bemühen um Emanzipation.

Verglichen mit vielen anderen europäischen Ländern begann der Kampf der Italienerin um ihre Gleichberechtigung erst spät. Man kann ihn in Verbindung mit der »resistenza« bringen. Damals, 1943–45, beteiligten sich erstaunlich viele Frauen am bewaffneten Kampf und versuchten Italien von Faschismus und Krieg zu befreien. Doch bis heute verweigert der Staat ihnen viele Rechte. In den Nachkriegsjahren trugen die Frauen mit ihrer Arbeitskraft zum Wirtschaftsaufschwung bei, nur um bei einer Konjunkturflaute als erste entlassen zu werden. Schließlich wird die Frau auch von der italienischen Industrie lieber als Konsumentin denn als Produzentin gesehen. Doch immer mehr Italienerinnen, vor allem die jüngeren, wissen, daß wirtschaftliche Selbständigkeit die Vorbedingung für ihre Persönlichkeitsentwicklung ist. Sie wollen den engen Gesichtskreis ihrer vier Wände erweitern, wollen vollwertige Partner sein und nicht mehr Dienerinnen wie bisher. In ihrem Bemühen um Anerkennung und Rollengleichheit sind die Frauen in Italien jedoch auf sich selbst angewiesen, mit substantieller männlicher Unterstützung können sie nicht rechnen. Außerdem steht ihnen die tiefverwurzelte katholische Moralvorstellung im Weg, da die Kirche noch heute die Möglichkeit hat, mit Hilfe künstlich erzeugter Gewissenskonflikte Veränderungen zu verhindern, zumindest aber zu erschweren.

Die italienische Gesellschaft ist eine vom Mann bestimmte, und in der Vergangenheit nahmen Kirche und Staat eine ausgesprochene frauenfeindliche Haltung ein. Obwohl dem Gesetz nach der Frau jeder Beruf offensteht (außer der des katholischen Priesters, des Carabiniere und des Soldaten), wird ihr der Einstieg in die Arbeitswelt nicht gerade leichtgemacht. Vor allem der verheirateten Frau und Mutter stehen nicht genügend Kindergärten und -tagesstätten zur Verfügung.

Die selbständige Frau wird sich jedoch nicht ohne weiteres wieder an den Herd zurückschicken lassen, und sie wird keineswegs einsehen, daß es die »vornehmliche Aufgabe der Frau sei, Bürger für den Staat zur Welt zu bringen und zu erziehen«. Aufgrund ihrer Intelligenz, ihres Fleißes und ihrer Gewissenhaftigkeit könnte sie in der Lage sein, dem Mann den Rang abzulaufen. Diese Befürchtung äußerte Benedetto Veca, römischer Professor für öffentliches Rechnungswesen, in seiner Schrift »Betrachtungen über die Verfassungswidrigkeit des Gesetzes, das die Frau zu öffentlichen Ämtern zuläßt«. Der Professor sieht am Ende dieser unheilvollen Entwicklung ein bürokratisches Matriarchat auf sich zukommen.

Obwohl die berufstätige Frau häufig noch auf atavistisches Mißtrauen der Männer stößt, opponieren heute wohl nur wenige Väter gegen eine Berufsausbildung der Töchter, die ja schließlich eine Art dauerhafte Mitgift darstellt und gleichzeitig eine Rückversicherung für die »nicht an den Mann Gebrachten«.

Mit dem italienischen Mann verbindet sich der Mythos vom leidenschaftlichen Liebhaber. Eine Heerschar weiblicher Urlaubsreisender drängt es darum alljährlich gen Süden, und die Papagalli treiben ihren sommerlichen Leistungssport zu deren Zufriedenheit. Anders verhält sich der Italiener seiner eigenen Frau gegenüber. Das italienisch-päpstliche Christentum übertrug die Jungfräulichkeit seiner Madonna auf alle Italienerinnen, sie wurde zur »dünnen Demarkationslinie« zwischen sittlichem Recht und Unrecht. Immerhin äußerten sich vor nicht langer Zeit noch 75 % der Männer vernichtend über den vorehelichen Verlust der »Reinheit«, obwohl 81 % von ihnen zur regelmäßigen Kundschaft der Bordelle gehörten.

Da der italienische Moralbegriff alles Geschlechtliche zu etwas »Schmutzigem« abgestempelt hatte, trennten die Italiener »Sex« und »Liebe« voneinander, d. h., man unterhielt stets sexuelle Beziehungen zu der Frau, die man nicht liebte, paradoxerweise also zu der »Geliebten«, und man unterhielt enthaltsame zurückhaltende Beziehungen zu der Frau, die man liebte, zur Mutter seiner Kinder. Es ist der jungen emanzipierten Italienerin nicht zu verdenken, wenn sie nicht mehr bereit ist, die Dulderin zu spielen. Oder seiner Selbstbestätigung zuliebe die Rolle der Tugendhaften auf sich nimmt, sich ihm widersetzt, damit er ihren Widerstand brechen kann und seine Männlichkeit bestätigt wird, denn diese ist für ihn kein selbstverständlicher Zustand, sondern eine Eigenschaft, die stets neu bewiesen sein will. Als Indiz gilt die Potenz, die sich in der Anzahl der absolvierten Abenteuer zeigt.

Mit ihrer Unabhängigkeit aber hat die Italienerin ihm manchen Trumpf aus der Hand genommen, und wenn sie weder seinen Schutz noch seine Hilfe beansprucht, sich die Pille auf dem Schwarzmarkt besorgt und er sich an den sorglosen Zustand gewöhnt hat, dann wird er seinerseits in die Rolle des Abhängigen geraten.

Im scheidungslosen Italien steckten die Ehen und Familien oft in schweren Krisen. Man war sich dann über die Schizophrenie dieser Gesellschaft im klaren, die sich nach außen hin den Anschein gab, als halte sie sich an die Prinzipien der Kirche, während sich das Leben hinter verschlossenen Türen nach persönlichem Bedürfnis abspielte.

Der linkssozialistische Abgeordnete Fortuna und sein liberaler Kollege Baslini konnten sich gegen die Kirche und die Christdemokratische Partei durchsetzen und das Scheidungsgesetz im Parlament durchbringen. Das Gesetz aber entfachte heftige Diskussionen, man trennte sich in »divorzisti« und »antidivorzisti«. Obwohl über eine Million Eheleute in illegalen Verbindungen leben, wird es nur wenigen möglich sein, eine Scheidung zu erreichen, da sich die Kosten auf 3.000 bis 6.000 DM belaufen.

Seit der Einführung des Gesetzes vor zehn Monaten sind inzwischen 10.418 Ehen geschieden worden.

Aber es sind bereits wieder heftige Bestrebungen im Gange, das Gesetz rückgängig zu machen. Mit Hilfe der Kirche sammelten die Ordnungshüter inzwischen 1,9 Millionen Unterschriften. Ein drohendes Referendum könnte die Ehescheidung wieder aufheben.

Um die Gewohnheiten der Italiener zu ändern, müßten die politischen, gesellschaftlichen und wirtschaftlichen Institutionen sich des Frauenproblems annehmen und die Frauen nicht sich selbst überlassen, denn wenn ein Teil der Bevölkerung von fundamentalen Menschenrechten ausgeschlossen wird, kann es zu keiner Demokratie kommen.

Fragt sich, ob dies in Italien wirklich angestrebt wird.

Dezember 1970

Ehebruch

DER ÜBERRASCHENDE, GEWALTIGE Publikumserfolg des vom italienischen Fernsehen ausgestrahlten Bergman-Films »Szenen einer Ehe« hat eine landesweite Diskussion über den Ehebruch ausgelöst.

17 Millionen Zuschauer saßen jeden Freitagabend, sechs Wochen lang, wie gebannt vor dem Bildschirm und ließen die Tränen und die Versöhnung, das Schweigen und die Schreierei eines in die Krise geratenen schwedischen Ehepaares über sich ergehen. Der Ehefilm erzählt von einem Mann, der seiner Frau nach zehnjähriger Ehe unverblümt mitteilt, er liebe eine andere, sowie von den psychologischen, emotionalen und menschlichen Folgen, die diese Feststellung auf beide Partner hat. Der Zuschauer erlebt die durchlittene Scheidung der beiden sowie das sich Wiederfinden der ehemaligen Partner auf einer ganz anderen Ebene.

Die Geschichte hat, abgesehen von der hohen filmischen Qualität, an sich nichts Sensationelles. Völlig unerwartet und unvorhergesehen jedoch war die Reaktion der Italiener. »L'adulterio«, d. h. der Ehebruch, die Ehe, kurzum das Verhältnis Frau/Mann wurde zum Tagesthema schlechthin. Nicht nur innerhalb der italienischen Familien, auch in den Tages- und Wochenzeitungen stand das Thema »Ehebruch« im Mittelpunkt lebhafter landesweiter Diskussionen. Eine Flut von Umfragen, Untersuchungen, Interviews und Statistiken überschwemmten die Publizistik. Auf den ersten Seiten druckten höchst seriöse Zeitungen Artikel über die »Ehekrise«, Seite an Seite mit jenen über die Wirtschaftskrise des Landes. Psychologen, Geistliche, Soziologen, Ärzte und Schriftsteller – kurzum alle zur sogenannten Intelligenz des Landes gehörenden Persönlichkeiten – nahmen Stellung zum Thema »Ehebruch«. Indirekt wirft aber diese Frage auch eine weitere auf, eine wesentlichere: Inwieweit haben das neue weitreichende Familienrecht und die Einführung der Scheidung die italienische Mentalität und die Sitten des Landes verändert? Bleibt die Familie, diese Hochburg der italienischen Gesellschaft, trotz der zeitbedingten Anstürme von außen noch eine Lebensform, die sich gegenüber Staat und Gesellschaft behauptet?

Fest steht, daß der von den Konservativen so sehr gefürchtete Scheidungsboom nicht eingetroffen ist. Der Scheidung, also der Zerstörung einer Familie, ziehen die Italiener – Männer und Frauen – offensichtlich mehr oder weniger stillschweigend den Ehebruch vor, nachdem dieser aufgrund des Familienrechts für beide Parteien rechtlich gleich gravierend geworden ist. Die Scheidungszahlen gehen langsam, aber stetig zurück. 1972 sind 32.000 Scheidungen ausgesprochen worden; in der Mehrheit handelte es sich um jene Paare, die endlich ihr Verhältnis rechtsgültig regelten; denn schon 1975 ging die Scheidungsquote auf 9 000 zurück. Daraus ist zu schließen, daß sich die italienischen Männer nie zuvor so sehr an ihre Ehefrauen gebunden fühlten wie heute, da sie sie legal verlassen dürfen. Die Leidenschaft steht in diesem Lande weit mehr unter Kontrolle, als im Ausland allgemein angenommen wird. Nur noch im Süden des Landes begegnet man noch jener Auffassung der sogenannten Ehre, derzufolge eine Frau umgebracht werden muß, wenn sie Ehebruch begangen hat.

Es sind vorwiegend keine wirtschaftlichen Gründe, die viele Italiener veranlassen, sich trotz der festgestellten Zerrüttung ihrer Ehe nicht scheiden zu lassen. Gewiß, die Scheidung kostet, und für nicht wohlhabende Familien bedeutet das Teilen des Einkommens im Falle einer Trennung eine zusätzliche ökonomische Belastung. Dennoch, so verkünden Psychologen und Soziologen, sei die psychologische Struktur des Italieners der wahre Grund für seine geringe Scheidungsfreudigkeit. Der italienische Mann habe ein ambivalentes Verhältnis zum Sex und zur Frau schlechthin, erklärte in diesem Zusammenhang der römische Psychologe Andrea Dotti. Auf die eine Seite stellt er seine Gattin, den »Engel des Herdes«, die Mutter seiner Kinder, und umgibt sie mit einem Heiligenschein. Auf die andere Seite stellt er die Frau für die Liebe, das Spielzeug seiner verdrängten Erotik. In dieser Unterscheidung, die auf die klassische Gegenüberstellung Gattin/Geliebte zurückgeht, spiegelt sich die widersprüchliche Einstellung des italienischen Mannes gegenüber dem Sex. Einerseits ist Sex für ihn außerordentlich wichtig, er spricht andauernd davon, und er ist ihm verfallen; andererseits verbindet er damit etwas Schmutziges, etwas nicht ganz Ehrenhaftes, vielleicht als Folge seiner katholischen Erziehung, die Schuldkomplexe in ihm hervorruft.

Die Allergie des italienischen Mannes im Zusammenhang mit der Scheidung wird somit verständlicher, ebenso sein Hang zu außerehelichen Abenteuern. Denn diese schmeicheln seiner Männlichkeit und bestätigen seine Verführungskunst. Und die Frauen, sie holen auf; sie haben jenen Liebesraum erobert, der vorher ein Vorrecht des Mannes war. Die

Aufrechterhaltung der Familie wird heute von beiden Ehepartnern gemeinsam beschlossen. Die stets sinkende Zahl der ausgesprochenen Scheidungen sowie der gleichzeitige stetige Anstieg der Zahl der Ehebrüche bestätigen, daß in Italien zerrüttete Ehen länger halten als anderswo, weil nach wie vor die Familie sie trägt – diese Burg, in die sich alle flüchten, wenn ringsherum die Welt zusammenbricht. Es ist wohl kaum ein Zufall, daß in den Ländern, in denen der Staat gut funktioniert, die Familien ihre ursprüngliche Bedeutung als Clan verloren haben, während in Ländern wie Italien, in denen der Staat dem Bürger wenig Schutz bietet, die Familie als soziale Basis des einzelnen erhalten bleibt – trotz der Einführung moderner Gesetze und der damit verbundenen fortschreitenden Emanzipation der Frauen.

1978

ITALIENISCHE
FRAUEN

Milva

SIE SASS VOR DEM GROSSEN SPIEGEL in ihrer Garderobe im
Teatro Roma und bereitete sich mit der Gewissenhaftigkeit
einer professionellen Schauspielerin auf die Hauptprobe zu
Brechts Dreigroschenoper vor. Vorher hatte sie nie Zeit zu
einem Gespräch gefunden; sie war stets unterwegs; Mailand, Salzburg, München, Edinburgh, Rom – einmal zu
Recitals, zu Plattenaufnahmen, zu Proben oder Bespre-
chungen, dann schnell wieder zurück in ihr Heim in Turin,
wo ihre zehnjährige Tochter Martina bei Milvas Eltern lebt.
Keine Sekretärin und kein Manager halten die Telefonver-
bindung mit der Presse aufrecht, sondern Milvas Mutter
oder, wenn Milva in Turin ist, sie selber. »Sono Milva«, sagt
sie dann einfach und macht gutwillig einen Termin aus.
Aber Milva treffen, sie einmal eine Stunde zu einem
Gespräch festhalten, das schien zunächst ein Ding der
Unmöglichkeit. »Kommen Sie zur Hauptprobe«, meinte
sie dann schließlich. – Und nun saß sie vor dem Gardero-
benspiegel und teilte ihr langes rotes Haar sorgfältig in
kleine Büschel und steckte diese, fest zusammengerollt, am
Kopf fest, um die schwarze Kurzhaarperücke von Brechts
Seeräuber-Jenny darüber stülpen zu können. Ihre Bewegungen sind selbstverständlich, zielbewußt, sicher; ihr
Auftreten und Sprechen einfach und sympathisch. Der
Kontrast zwischen der »offiziellen« Milva, die auf den Titel-
blättern der Illustrierten Star-Posen einnimmt, und dieser
in ihrer Selbstverständlichkeit ruhenden Frau war nicht zu
übersehen.

»Signora, Sie wurden in den frühen 60er Jahren in ganz Italien als Schlagersängerin berühmt; eine Sängerin, die Musik mehr als ein Konsumprodukt betrachtete denn als Kunst. Heute gehören Sie zu den bekanntesten Brechtinterpretinnen der Welt, und Sie feiern auch im Ausland Triumphe, obschon Sie stets auf italienisch singen und das Publikum Sie nicht versteht. Auf dem internationalen Festival von Edinburgh, vergangenen September, da verkündeten die Plakate nur drei Worte: ›Milva sings Brecht‹, und Sie wurden von der britischen Kritik nicht nur mit Begeisterung begrüßt, sondern sogar mit der Callas verglichen. Wie hat sich dieser Wandel in Ihrer Karriere vollzogen?«

»Sehr, sehr langsam ...«, stöhnt sie, »und der Anfang war mühsam, schwer und trostlos. Zu Beginn der 60er Jahre, da trat ich Sonntag für Sonntag in den Tanzlokalen der Vorstädte auf und sang nichtssagende, banale Schlager; canzonette, wie man in Italien sagt. Ich haßte es; ich hatte kein Repertoire und suchte auch keines; ich führte mechanisch aus, was man mir sagte, immer wider Willen, immer mich innerlich sträubend, immer hoffend, daß ich – durch irgendein Wunder – nicht mehr aufzutreten gezwungen wäre ...« Aus jener Zeit hat Milva allein die Haarfarbe und den Klang ihrer Stimme beibehalten; jenen starken, mächtigen, teilweise fast rabiaten Klang, der ihr damals in der Gegend, aus der sie stammt – Ferrara –, den Beinamen »la pantera« (die Pantherin) eingebracht hat. »Die Wut, die ich im Leibe hatte, die zurückgehaltenen Tränen, der Haß auf diese Musikwelt – davon war mein Singen erfüllt.« Denn Singen – das mußte Milva. Ihr Vater, ein Fischhändler, verlor durch eine Reihe mißglückter Spekulationen und durch einen Autounfall, der sich wegen der fehlenden Versicherung geradezu katastrophal auswirkte, alles, was er besaß. Die Familie – Eltern und drei Kinder, wovon Milva mit 16 Jahren die älteste war, siedelte auf vielen Umwegen nach Bologna über. Dort fand Milva erstmals einen Impresario, der ihr ein festes Monatsgehalt auszahlte, wofür sie eine bestimmte Anzahl von Abenden auftreten und singen mußte. »150.000 Lire – eine beträchtliche Summe damals, mit der ich meine Familie unterhalten konnte. Aber ich haßte meine Arbeitswelt, ich spürte den Zwang, die Ketten und war todunglücklich.«

Es stimmt nicht, wie viele schreiben, daß Milva eine schwere Kindheit gehabt hat. Aber die glückliche Jungmädchenzeit, die ist ihr unbekannt geblieben; jene sorgenfreien, heiteren Jahre, in denen die Zukunft als leicht zu meisternde Aufgabe erscheint. »Ich habe eine wunderbare Kindheit gehabt« – meravigliosa, sagt sie – »geborgen, geschützt, getragen von der unendlichen Liebe meiner Mutter.« Milvas Kindheit, genauer die Beziehung zu ihrer Mutter, waren ein willkommenes Objekt für psychoanalytische Studien. »Bis zu meinem 16. Lebensjahr habe ich bei meiner Mutter geschlafen. Mein Vater war aus beruflichen Gründen stets unterwegs; ich sah ihn selten. Kam er einmal nach Hause und pochte er auf sein nächtliches Recht an Mutters Seite, so stellte ich mich derart an und übte so lange passiven Widerstand, bis mein Vater – besorgt – mir seinen Platz in Mutters Bett wieder überließ. Ich mußte nachts Mammas Füße, Mammas Beine spüren, um glücklich zu sein; sie, die Mamma, war bestimmend in meinem Leben.«

Das sonntägliche, widerwillige Auftreten – des Geldes wegen – endete durch einen glücklichen Zufall. Die RAI (das italienische Fernsehen) schrieb einen landesweiten Wettbewerb aus, um »neue Stimmen« zu entdecken. »76.000 Konkurrenten meldeten sich – und ich gewann. So bekam ich Tanz- und Gesangsunterricht, nebst einem kleinen Monatsgehalt. Und – ich war nicht mehr gezwungen, sonntags aufzutreten.« Mit dem Bologneser Impresario ließ sich eine Vereinbarung treffen; die Familie brauchte sich nicht zu sorgen. So war Milva zwar dem Singen nicht entronnen, doch das Ganze spielte sich von nun an in einem ganz anderen Rahmen ab. Nicht daß Milva etwa das gefunden hatte, was sie erfüllt hätte – sie wußte nicht einmal, daß man im Singen Erfüllung finden kann.

Indirekt verdankt Milva dem RAI-Wettbewerb auch die Bekanntschaft mit ihrem Mann Maurizio Corgnati. Er: ein in Italien schon damals bekannter Regisseur, ein um 22 Jahre älterer, kultivierter, gebildeter Herr aus der piemontesischen Bourgeoisie, den Milva anläßlich eines Fernsehspiels kennenlernte. Sie: ein 21jähriges Mädchen aus der norditalienischen Provinz, mit groben Zügen, die durch eine ungeschickte Aufmachung, turmhochtoupiertes Haar, schwarz umrandete Augen und lackrote Lippen nur noch unterstrichen wurden, ungebildet und unwissend. Er kritisierte alles an ihr (»zu Recht«, sagt Milva heute), er machte sich über sie lustig und – verliebte sich. Ein halbes Jahr später war Milva offiziell die Signora Corgnati, und sie war selig.

»Meine höchste Ambition damals: nur die Signora spielen. Heirat, das hieß für mich vor allem nicht mehr singen müssen.« Zudem liebte und bewunderte sie Maurizio, der altersmäßig ihr Vater hätte sein können. »Ich stürzte mich voller Begeisterung in diese Ehe und wurde bald Mutter.«

Aber ihr Mann, der die verborgene starke Persönlichkeit dieses intellektuell und psychologisch noch im Rohzustand befindlichen Wesens erkannt hatte, weckte sie auch geistig und eröffnete ihr eine unbekannte Welt. »Ich lernte von Maurizio, daß es noch eine andere Art von Musik gibt als nichtssagende Schlager; daß es Gesang gibt, der Geschichte gemacht hat, Gesang, der mit seiner Kraft die Menschen aufzurütteln und zum Kampf für Gerechtigkeit und Freiheit aufzurufen vermag.« Ohne auf Milva einen Zwang auszuüben, brachte Maurizio sie dazu, wieder zu singen, aber anders und andere Lieder. Das erste Ergebnis war die Langspielplatte »Canti da cortile e del tabarin«, es folgten Spirituals, Protestlieder, Brechts Horst-Wessel-Lied. Die neue Milva war geboren.

Ihr Mann war es also, der ihr eine für sie völlig neue Musikwelt erschloß. Er, Maurizio, wies ihr die Richtung; sie ging den Weg aber allein, ohne ihn, später sogar gegen ihn. Die Horst-Wessel-Lied-Platte war Paolo Grassi, dem berühmten Direktor des Piccolo teatro di Milano aufgefallen; er forderte Milva auf, an der großen 20-Jahr-Feier der Befreiung Italiens mitzuwirken, die 1965 im Teatro lirico in Mailand stattfand. Die politische und kulturelle Elite des Landes war anwesend. Milva sang zum erstenmal in einem Theater, und es wurde ein Triumph. Giorgio Strehler, Italiens Theaterregisseur Nummer eins, war unter den Zuschauern und erriet sofort, welche brachliegenden Fähigkeiten in Milva schlummerten. Er nahm sich ihrer an und führte sie in Brechts Theater ein. Die berühmte Strenge und die Erwartungen Strehlers sind über Italiens Grenzen hinaus bekannt; ebenso die Ansprüche des Publikums des Piccolo teatro in

Mailand. Es erforderte viel Mut von Milva, den Schritt zu wagen.

»Hatten Sie denn keine Angst?«

»Eine fürchterliche, lähmende Angst. Dann aber sagte ich mir: Wenn Strehler mich ausgesucht hat, heißt das, daß er an mich glaubt. Wenn er, Strehler, an mich glaubt, wieso soll ich denn an mir zweifeln?«

Milva hatte gelernt, eigene Wege zu gehen, nicht nur in ihrem Beruf, auch im Privatleben. 1969 begegnete sie dem jungen Schauspieler Mario Piave, verliebte sich und trennte sich von ihrem Mann. Aber Maurizio, der kultivierte Herr, war ein schlechter Verlierer. Es gab Skandale, Schlägereien, Pressekonferenzen, sogar einen echten oder simulierten Selbstmordversuch, bis Milva ihr Leben an der Seite ihres heutigen Lebensgefährten leben durfte. Denn scheiden lassen kann sich Milva nach italienischem Recht erst in einigen Jahren. »Die Mamma möchte mich so gerne wieder gesetzlich verheiratet sehen«, sagt sie und lächelt dabei nachsichtig.

Die Creme der römischen Gesellschaft hatte sich anläßlich der Dreigroschenoper-Premiere versammelt und spendete Milva lange Beifall. Verhalten, sicher, ungemein gekonnt war ihr Auftreten. Im Klang ihrer warmen Stimme liegt nicht nur viel und gut Erlerntes, sondern auch Erlebtes. Das ist vielleicht das Besondere an Milvas Ausstrahlung.

10. 11. 1973

Ihr Leben der Liebe

»HELDIN DER LIEBE« – *eroina dell'amore* – mit dieser für unser heutiges Empfinden etwas überschwenglichen Bezeichnung, ist Anita Garibaldi, die Frau von Giuseppe Garibaldi des populärsten Helden aus dem »Risorgimento« – der Freiheitskriege des vergangenen Jahrhunderts –, in die Geschichte Italiens eingegangen. Auf dem Piazzale del Gianicolo in Rom, oberhalb der St. Peterskirche, da haben die Italiener Anita Garibaldi ein Denkmal errichtet.

Wer ist diese Frau? Anita war keine Italienerin; sie hieß Anna Maria Ribeiro de Silva und wurde 1819 – oder 1821 (das Geburtsjahr ist ungewiß) – in Morinhos, Brasilien, geboren. Ihr Vater – ein Fischer in bescheidenen Verhältnissen – war portugiesischer Abstammung, die Mutter eine Brasilianerin. Die Geschichte hätte sich wohl kaum je mit Anna Maria Ribeiro de Silva beschäftigt, wenn die damals 18- oder 20jährige Kreolin nicht von einem der aufsehenerregendsten »coup de foudre« der Geschichte getroffen worden wäre. Die Liebe also bestimmte ihr ganzes Leben.

Obschon Anita – wie Garibaldi sie nannte – in der Geschichte des Risorgimento immer erwähnt wird, kann nicht übersehen werden, daß sie immer und nur im Schatten ihres verehrten Mannes Giuseppi Garibaldi geblieben ist. Alles hat sie in den zehn Jahren des Zusammenlebens mit ihm gemeinsam ertragen und erlitten.

Giuseppe Garibaldi – erfahrener Seemann und Frauenheld – mußte 1834, als 27jähriger, Italien fluchtartig verlassen. Wegen seiner Teilnahme an den revolutionären Umsturz-

versuchen Mazzinis gegen die Monarchie war er von der piemontesischen Regierung zum Tode verurteilt worden. Auf
Umwegen landete er 1836 in Rio de Janeiro, gerade als in
Lateinamerika die großen Unabhängigkeitskriege im Gange
waren, und schloß sich den brasilianischen Republikanern
an.

Die von Garibaldi eroberten Frauen sind sicher noch zahlreicher als seine gewonnenen Schlachten. Über die romantische
Begegnung mit Anita lesen wir in Garibaldis Tage-
buch: »Mit dem Fernrohr, das ich nie aus der Hand gab,
wenn ich auf Deck war, ließ ich den Blick hinüberschweifen,
nach Barre, jenem Hügel, der sich südlich der Stadt Laguna
erhebt. Dort sah ich eine junge Frau. Ich befahl sofort, mich
mit einem Boot an Land zu bringen. Kaum angelangt, begab
ich mich auf die Suche nach jener Frau. Und das erste
Wesen, das ich erblickte, war die, derentwegen ich an Land
gegangen war. Wir blieben beide wie angewurzelt stehen,
schauten uns stumm an, bis ich sie begrüßte und sagte: »*Du
mußt mein sein.*« Kurz darauf war Anita bereits an Bord der
Rio Pardo, deren Kapitän Garibaldi war, und – wie der Gari-
baldi-Biograph Guerzoni schreibt – »vor dem Himmel und
dem Meere nahm er sie zur Frau«. Vor dem Himmel und
dem Meere – aber noch nicht vor dem Pfarrer. Denn Anita
war nicht frei. Über ihre seelische Verpflichtung ist ein pietät-
voller historischer Schleier gelegt worden.

Im Gegensatz zu Napoleon, der – mit Ausnahme von
Joséphine – nie ernsthaft geliebt zu haben behauptet, hat
Garibaldi immer geliebt. Daß er Anita gegenüber gewiß
nicht der treueste Ehemann war, besagt nichts. Er liebte sie
wie keine andere, auch wenn sie ihm sicher das Leben nicht

immer leichtgemacht hat. Sie duldete keine Rivalinnen. In der von Jessi White-Mario verfaßten Garibaldi-Biographie ist zu lesen, daß Anita, als sie eine Rivalin zu haben glaubte, die etwas ungemütliche Gewohnheit hatte, sich mit zwei Pistolen zu Garibaldi zu begeben. Die erste Pistole wollte sie auf die Rivalin abfeuern, die zweite auf ihn, Garibaldi.

Die Jahre vergingen, und die 1848 in Italien ausgebrochene Revolution rief Garibaldi – José, wie Anita ihn nannte – in die Heimat zurück. In Italien kämpfte er zunächst mit seinem Freikorps gegen die Österreicher; dann stellte er sich der revolutionären Regierung in Rom zur Verfügung und bewirkte, als Abgeordneter, im Februar 1848, die Ausrufung der Römischen Republik.

Anita, die zunächst mit ihren Kindern in der Geburtsstadt Garibaldis, Nizza, verblieben war, eilte – obschon hochschwanger – nach Rom, als sich die Nachricht verbreitete, daß Garibaldi dort die Verteidigung der Ewigen Stadt gegen die Rom angreifenden Franzosen übernommen hatte. An der Porta San Pancrazio, auf dem Gianicolo, warf sich Anita in die blutige Schlacht, bis sich die republikanischen Truppen zum Rückzug genötigt sahen.

Diese übermenschlichen Anstrengungen jedoch – dazu in schwangerem Zustand – bewirkten, daß Anita zum ersten Mal die Kräfte verließen. Sie starb, auf dem Rückzug, von den Österreichern gejagt, in einem Bauernhaus in Mandriole bei Ravenna, in den Armen ihres Garibaldi. Ihre letzten Worte waren: »José – die Kinder!« Es war der 4. August 1849, vor 130 Jahren, um sieben Uhr in der Früh.

1979

Elda Pucci

CHEFÄRZTIN IM KINDERSPITAL von Palermo, 55 Jahre alt, Sizilianerin, Mitglied der Democrazia Cristiana seit 15 Jahren, ledig, mit ihrer 80jährigen Mutter zusammenlebend – soweit die wichtigsten Angaben zu Elda Pucci, der neuen Bürgermeisterin von Palermo. Sie nimmt den Platz des umstrittenen christdemokratischen Bürgermeisters Nello Martellucci ein, der infolge einer Regierungskrise der sizilianischen Hauptstadt zurückgetreten ist. Elda Pucci ist die erste Frau an der Spitze einer italienischen Großstadt – und sie wird es ausgerechnet in Palermo, einer Stadt mit 800.000 Einwohnern und 100.000 Arbeitslosen, einer Stadt, die wegen Mafia, Korruption, Schwarzarbeit und Elend immer wieder Schlagzeilen macht.

Was steckt dahinter?

In politischen Kreisen Siziliens sagt man es unverblümt: Die DC braucht neue glaubwürdige Gesichter. Leute mit weißer Weste. Die Christdemokratische Partei braucht Leute an der Spitze der Stadt, die nicht Gefahr laufen, von der Bevölkerung ausgepfiffen zu werden, wie dies vergangenes Jahr anläßlich der Trauerfeier für den von der Mafia ermordeten Polizeichef von Palermo, Carlo Alberto Dalla Chiesa, geschehen ist. Damals brandmarkte sogar der Kardinal von Palermo, Pappalardo, jene politische Führungsschicht, als er von den »dunklen Kräften des Bösen« sprach, die hervorkommen, wenn es darum geht, trübe Interessen mächtiger Gruppen zu schützen.

Elda Pucci soll also die »Bürgermeisterin der Wende« werden, wie man bereits in Palermo sagt. Eine Schachfigur im komplexen Spiel der sizilianischen Democrazia Cristiana also? Auch wenn dem so wäre, so ist es dennoch interessant, daß man heute – ausgerechnet in Sizilien – eine Frau wählt, um deutlich zu machen, daß sich etwas ändern soll und muß. Diese Wahl Elda Puccis ist bezeichnend für den Wandel der Sitten – auch im Süden Italiens. Auch die »donna del sud« also, die Frau aus dem Süden, holt langsam auf. Sie kann aktiv in der menschlichen, kulturellen und sozialen Wirklichkeit des Landes tätig werden. Diese Evolution läßt sich übrigens selbst innerhalb der Mafia-Struktur feststellen. Heute findet man auch Frauen, die als Manager innerhalb der Mafia wirken und Milliarden schmutzigen Geldes verwalten, genauso wie es Männer tun. Bisher hatte die Frau innerhalb der Mafia nur eine passive Rolle; man verlangte von ihr, daß sie sich an die Schweigepflicht – die »omertà« – halte. Heute ist sie eine aktive »mafiosa« geworden.

Die Frauenemanzipation schreitet also auf allen Ebenen vorwärts, auch im Verbrechermilieu. Aber eine nebensächliche Rolle innerhalb der italienischen Familie hat die Frau, gegen allen Anschein, nie gespielt, besonders in süditalienischen Familien nicht. Die Frau stand stets im Mittelpunkt der Familie – die wesentlichen Beschlüsse hat stets sie, die Mamma, gefaßt. Sie hatte nur eine Regel zu beachten und wollte sie auch beachten: nach außen hin durfte man es nicht sehen; er, der Mann, hatte den Eindruck des Herrschers, des Mächtigen, zu erwecken. Unsere Großmütter konnten es sich leisten, zumal sie genau wußten, wie die Dinge in Wirklichkeit standen, d. h., daß sie die ungekrönten Königinnen waren. Das ist auch mit ein Grund für die langsamere Entwicklung der Frauenemanzipation im Süden; also nicht nur, weil der Mangel an sozialen Einrichtungen die Frau mehr ans Haus bindet und ihr die Berufstätigkeit erschwert, sondern auch, weil die Frau in der süditalienischen Familie eine Stellung einnimmt, die die Frau namentlich in nordeuropäischen Ländern nicht hat.

Und nun hat Palermo, Siziliens Hauptstadt, seinen »sindaco di ferro« – seinen eisernen Bürgermeister, wie Elda Pucci vom Volk jetzt schon genannt wird. Und die Palermitaner erinnern gern daran, daß die Chefärztin Elda Pucci im vergangenen Jahr nicht davor zurückschreckte, einen männlichen Kollegen und fünf Kolleginnen bei der Staatsanwaltschaft von Palermo anzuzeigen. Laut Elda Pucci hatten diese es unterlassen, drei Neugeborenen, die in der pädiatrischen Klinik lagen, die erforderliche Hilfe zu leisten. »Niemandem sei es erlaubt, einen Fehler zu begehen«, erklärte Elda Pucci mit ihrer zarten Stimme. Wer einen Fehler macht, muß auch dafür büßen. Die Übel einer Stadt kuriert man nur auf eine Weise, meint Elda Pucci entschlossen: indem man die Stadt mit sauberen Händen verwaltet.

»Wenn es zutrifft, daß die Politik von den Unredlichen unter uns gemacht wird, dann sind auch jene daran schuld, die es vorziehen, abseits zu stehen und das Feld den Unredlichen zu überlassen«, erklärte die neugewählte Bürgermeisterin den Journalisten.

Sie wird es nicht leicht haben, Elda Pucci. Die Stadt erlebt eine besorgniserregende Eskalation innerhalb der Mafia. Ein blutiger Kampf zwischen kriminellen Banden ist im Gange, es geht um die Kontrolle des Rauschgifthandels auf internationaler Ebene. 151 Morde im Jahr 1982; 40 Tote allein in diesem Jahr. Und ein Verdacht lastet über der sizilianischen Hauptstadt: der Verdacht einer Verflechtung zwischen Politikern und Mafiosi. Der Bürgermeisterin Elda Pucci steht keine leichte Aufgabe bevor.

26. 4. 1983

Frauen in Italien*

DIE VON DEN FEMINISTINNEN oft erträumte Revolution ist ausgeblieben. Der Graben zwischen der Legalität und der Realität des Landes ist tief. Ferner bestehen nach wie vor wesentliche Unterschiede zwischen dem praktischen Leben einer Norditalienerin und dem einer Frau aus dem Süden des Landes. Diese Unterschiede beruhen auf der Verschiedenheit der wirtschaftlichen, sozialen und historischen Entwicklung beider Landesteile. Während die Norditalienerin in Mentalität und Verhalten einer Mitteleuropäerin gleichzustellen ist, bleiben im Süden – trotz fortschrittlicher Gesetze, immer noch alte Sitten und Gebräuche erhalten. Doch unleugbar ist, daß auch der Süden in Bewegung geraten ist. Ein bezeichnendes Beispiel dafür: Am Anfang der 60er Jahre weigerte sich erstmals ein Mädchen – Franca Viola – aus Alcamo (Sizilien) den Mann zu heiraten, der sie verführt und vergewaltigt hatte. Der Verführer, Filippo Melodia, hatte die Rechnung ohne die Entwicklung der Frau gemacht. Melodia baute noch auf das damals gültige Gesetz (Art. 544), das festlegt, daß, wenn ein Mann sein Verbrechen mit einer Eheschließung der vergewaltigten Frau »wiedergutmacht«, das Verbrechen ausgetilgt ist. Franca Viola aber lehnte zum ersten Mal in der Geschichte des Landes diese Lösung ab. Sie zeigte Filippo Melodia an. Er wurde verhaftet und zu einer harten Gefängnisstrafe verurteilt. Aus »Franca Viola« wurde ein historischer Fall. Eine Sizilianerin hatte die

---

* Erscheint zum ersten Mal in Buchform.

althergebrachte Sitte gebrochen – auch auf die Gefahr hin, nicht mehr geheiratet zu werden, denn welcher Mann hätte damals eine »Entehrte« heiraten wollen? Franca Viola fand dennoch einen Mann nach einigen Jahren; sie zog aber in eine andere Stadt. Sie wurde nicht als Heldin gefeiert; der Umgang mit ihr wird noch von vielen gemieden; und sie ist gezwungen, ein zurückgezogenes Leben zu führen. Ein Fall, dieser von Franca Viola, der den Unterschied zwischen Nord- und Süditalien deutlich macht, der aber auch zeigt, daß Sizilien, der tiefe Süden, »sich doch bewegt«.

Auch in der Filmwelt ist der Wandel der Italienerin sichtbar. In den 50er Jahren galt als Prototyp der nachzuahmenden Italienerin Gina Lollobrigida. Ihr Ruhm beruhte mehr auf ihrem Busen als auf ihrem Schauspieltalent. Gina entsprach dem damaligen Frauenideal – sie war schön, hielt ihrem jugoslawischen Mann ostentativ die Treue, legte Wert darauf, keine allzu klugen Aussagen von sich zu geben, gehorchte ihrem Mann, auch im Bereich der eigenen Arbeit wie ein Roboter. Sie ließ sich von ihm beraten, schützen, verhielt sich stets als hilfs- und anlehnungsbedürftiges Wesen – kurzum: Die Lollo entsprach dem Bild, das sich der italienische Mann allgemein von seiner Traumfrau machte. Selbst das Maß ihres Sexy-Seins war ausgewogen: Die italienischen Männer begehrten sie wohl, aber Gina verwirrte sie nicht. Sie war keine »rovina famiglie«, wie man in Italien sagt, das heißt eine Frau, die der Leidenschaft wegen Familien auseinanderreißt. Heute machen selbst in der Filmwelt Frauen dieser Art keine Schlagzeilen mehr. Prototyp ist heute vielmehr Claudia Cardinale: Eine schöne, kluge und talentierte Schauspielerin, die sich von ihrem Produzenten-mann Franco Cristaldi trennte, als sie sich in einen Regis-seur – Pasquale Squiteri – verliebte. Sie lebt heute mit ihm zusammen ohne verheiratet zu sein. Ihr Sohn aus erster Ehe machte Claudia zur Großmutter zum selben Zeitpunkt, da sie zum zweiten Mal Mutter wurde. Claudia Cardinale: eine Frau aus der Filmwelt, die sich vom »Luxusobjekt« zu einer dem Mann ebenbürtigen Partnerin entwickelte und die Gunst des Publikums beibehalten hat.

Im politischen Bereich ist der Wandel der Italienerin ebenso eklatant. Im Parlament hat sich die Zahl der Frauen aller-dings nicht erhöht; in der verfassunggebenden Versamm-lung (1946) saßen 44 Frauen von insgesamt 574 Mitgliedern. Heute sind in beiden Häusern (Senat und Kammer) 63 Frauen vertreten von insgesamt 952 Mitgliedern. - Nicht an der Zahl also, als vielmehr an der Persönlichkeit der Frauen läßt sich der Wandel der Italienerin ablesen. Kammerpräsi-dentin seit 1979 ist eine Frau, Nilde Jotti (sie wurde in ihr Amt wiedergewählt). Nach dem Staatspräsidenten Pertini und dem Senatspräsidenten Cossiga nimmt sie, die Kom-munistin Nilde Jotti, den dritten Platz im Staate ein. Die heute 62jährige Frau mit Doktortitel in Philosophie hat sich in ihrer Heimatstadt Reggio Emilia am Widerstand gegen den Faschismus und der Nazi-Besatzung beteiligt; seit 1946 sitzt sie im Parlament und war die Lebensgefährtin des italie-nischen Kommunistenchefs Palmiro Togliatti bis zu dessen Tod im Jahre 1964. Damals war die »wilde Ehe« der beiden selbst in den kommunistischen Kreisen Italiens (oft ist hier mehr Prüderie zu finden, als in katholischen Milieus) ein

Skandal, um so mehr Togliatti selber regulär verheiratet war und Nilde Jotti als eine »Konkubine« bezeichnet wurde. Heute genießt Presidente Jotti selbst bei ihren politischen Gegnern großes Ansehen.

Auch wer bewußt keine Politik macht, wie Carla Voltolina Pertini, macht Politik. Die Frau des gegenwärtigen Staatspräsidenten Sandro Pertini, eine überzeugte Feministin, schon zu einer Zeit, als es nicht Mode war, Feministin zu sein, erklärte unmittelbar nach der Wahl ihres Mannes zum höchsten Amt im Staat, daß sie nie ihren Fuß in den Quirinalspalast setzen werde. Carla Pertini hielt Wort. Sie wolle nicht »first lady«, sondern sie selbst sein: Eine 63jährige Frau, die noch mit 50 Jahren ihren Doktor in Psychologie machte (unter ihrem Mädchennamen, weil sie nicht erkannt werden wollte) und sich heute in einem öffentlichen Krankenhaus besonders der Rauschgiftsüchtigen annimmt. – Die Weigerung Carla Pertinis, dem Staatspräsidenten in den Quirinal zu folgen, und ihrer Abwesenheit bei offiziellen Anlässen, verursachte dem strengen Protokoll großes Kopfzerbrechen. Signora Carla gab nicht nach. Ihr Mann, Präsident Pertini, sagte dazu: »Gewiß, es ist etwas kompliziert. Doch ich kämpfte jahrelang für die Freiheit: im Exil, im Gefängnis und im bewaffneten Widerstand. Wie könnte ich heute die Freiheit meiner Frau einschränken und sie zwingen, in den Palazzo zu ziehen?« Und so verläßt der heute 86jährige Republikpräsident jeden Abend den Quirinalspalast, in dem einst Päpste und Könige wohnten, und kehrt zurück zu seiner Frau in die bescheidene Dachwohnung beim Trevi-Brunnen. – Ein Vergleich zur Vorgängerin von Carla Pertini drängt sich auf: Es war die schöne, braunäugige, sanfte, sich in Wohltätigkeit und dem Roten Kreuz widmende Signora Leone, die die traditionelle Rolle der Unterwürfigkeit gegenüber dem Mann geradezu ausstrahlte. Sie hat im Gedächtnis der Öffentlichkeit keine Spuren hinterlassen.

Auch in der »High Society« der italienischen Hauptstadt ist eine neue Auflage der Italienerin zu finden. Eine bezeichnende Repräsentantin ist die Contesa Marta Marzotto, die als Königin des mondänen kulturellen römischen Lebens gilt. In ihrem »Salotto« verkehren Spitzenpolitiker wie der christdemokratische Amitore Fanfani, der kommunistische Maler Guttuso, Staatspräsident Pertini und Schriftsteller wie Moravia und Sciascia. Nicht das unterscheidet Marta Marzotto von den Frauen ihres sozialen Ranges aus den 50er oder 60er Jahren. Solche Kultur-Salons und solche Contesse hat es in Rom schon immer gegeben. Marta Marzotto aber, daß sie heute über 50 Jahre alt ist, hat sie nie verschwiegen, unterscheidet sich durch die Offenheit, mit der sie von ihrer »proletarischen Herkunft« spricht. Marta Marzotto war »mondina«, Reispflückerin in der Poebene. Sie gehörte also zu den ärmsten und ausgebeutetsten Tagelöhnerinnen jener Zeit. Später verdiente sie sich das Leben als Schneiderin, bis sie Conte Marzotto – Großunternehmer – kennenlernte und ihn heiratete. Der Sprung in die »reiche Jet-Set-Welt« hat sie nicht verändert. Von der Erziehung ihrer vier Kinder sagt sie, daß »diese zur Selbstverantwortung erzogen wurden. Außerdem habe ich versucht, ihnen einige Grundprinzipien zu vermitteln: Redlichkeit, eine elastische Mentalität und ein gewisses Maß an Ehrgeiz. Wichtig scheint mir ferner, daß sich meine Kinder stets so verhalten, daß ihnen die Privilegien, die ihnen in die Wiege gelegt wurden, verziehen werden.«

Es gibt nicht nur Politikerinnen, Filmschauspielerinnen und Angehörige der High Society, die den Wandel der Italienerin klarmachen. Das Antidiskriminierungsgesetz führte vor sieben Jahren das Prinzip der Gleichberechtigung von Frau und Mann in der Welt der Arbeit ein. Theorie und Praxis sind noch nicht identisch, nicht zuletzt bedingt durch die besondere ökonomisch-soziale Lage des Landes. Bei einer Wirtschaftskrise und einer hohen Arbeitslosenquote ist die Frau kaum konkurrenzfähig. Der Arbeitgeber hat wenig Interesse, Frauen einzustellen, paradoxerweise gerade des Gesetzes wegen, das Frauen besonders schützt (fünf Monate – zwei vor und drei nach der Geburt eines Kindes darf die Frau nicht arbeiten, erhält aber das ganze Gehalt). Es ist auch nicht zu leugnen, daß Frauen in Italien neue Probleme in der Arbeitsorganisation vieler Betriebe aufgeworfen haben. Die Gegenwart von Frauen in manchen Fabriken erforderte die Einführung von technologischen Erneuerungen, um den Streß zu verringern. Und in manchen Werken – besonders des Nordens – sind es Frauen gewesen, die den Kampf um menschlichere Arbeitsbedingungen auch für Männer eingeleitet haben. Denn die von den Frauen erworbenen Rechte mußten auch auf ihre männlichen Kollegen übertragen werden. Infolgedessen versuchen die Arbeitgeber immer noch Wege zu finden, um Frauen nicht einzustellen und Männer vorzuziehen.

Die Berufslandschaft der Italienerin hat sich dennoch wesentlich verändert, seitdem sie in allen Berufssparten zugelassen wird. Vor einigen Monaten hat der römische Polizeichef Giovanni Pollio, erstmals eine Frau, die 45jährige, aus der Toskana stammende, mit einem Berufsoffizier verheiratete Marla Guerri-Laino, an die Spitze eines Polizeikommissariats in einem römischen Vorort gestellt. Auf die Frage, wie sie sich fühle in einer Rolle, die bisher nur Männern übertragen wurde, antwortete Signora Marla: »Ich wundere mich, daß man sich wundert. Wir haben doch in Italien Frauen, die Botschafter sind, eine Frau ist Kammerpräsidentin, viele sind als Manager von Großbetrieben tätig. Warum nicht auch eine ›donna commissario‹, die Diebe und Entführer verhaftet?«

Auf die spöttische Frage eines Journalisten, ob sie auch kochen könne, antwortete Marla Guerri-Laino mit entwaffnendem aber dezidiertem Lächeln: »Ich werde Ihnen auf diese Frage eine Antwort erteilen, wenn Sie einen meiner männlichen Kollegen fragen, ob er Knöpfe annähen oder Vorhänge bügeln kann.« Kein Zweifel: Marla Guerri-Laino ist eine Italienerin, die die Entwicklung der italienischen Frauen in Richtung Emanzipation gut vertritt. »Welches Parfüm ziehen Sie vor?« wollte ein Journalist vom Commissario Marla Guerri-Laino noch wissen. »Givenchy«, antwortet die Signora, fügt aber prompt hinzu: »Ich kann auch gut schießen, mit einer Smith-Wesson-Pistole; ich habe das Scharfschützen-Diplom.«

Daß die Frauen in Italien aufgeholt haben, beweisen auch die Witwen der von der Mafia ermordeten Männer. Sie haben sich kürzlich zusammengeschlossen, um gegen die katastrophale Langsamkeit der italienischen Justiz zu protestieren. Wer die Mafia kennt, weiß, wieviel Mut es dazu braucht.

Die italienischen Frauen sind auch im Terrorismus vertreten, sowohl im rechtsextremen als auch im linksextremen. Hinter den in den Gerichtssälen aufgestellten Käfigen kann man diese Terroristinnen sehen und hören. In der Sprache und in den begangenen Aktionen unterscheiden sie sich kaum von ihren männlichen »Kollegen«. Mit einer Ausnahme: Unter den namhaften Terroristinnen gibt es keine »Reumütigen«, das heißt solche, die nach ihrer Verhaftung sich bereit erklären, mit der Polizei zu kollaborieren, um als Gegenleistung eine Herabsetzung der Strafe zu erreichen.

Am Himmel der Emanzipation der italienischen Frau steigen aber Wolken auf. Die vielerorts erfolgte Verflechtung zwischen matriarchalischer Tradition und Emanzipation hat zu einem großen Teil eine selbstbewußtere, freiere Frau geschaffen, kurzum: eine Persönlichkeit. Die italienischen Männer wissen noch nicht, in welchem Schema sie diese »neue Frau« einreihen sollen. Der Wandel der Frau traf sie unvorbereitet, unter vielen von ihnen ist eine unbekannte Angst aufgetreten. Es gibt Anzeichen dafür, daß die jüngste Generation von Männern, die heute 20jährigen, ein neues Verhältnis zur Frau suchen. Es ist aber noch verfrüht um festzustellen, ob und wie sich die italienischen Männer emanzipieren werden.

Was aber die italienische Mutter angeht, die Mamma, ihre Bedeutung und ihre Macht innerhalb der Familie, diese vermochten weder die neuen Gesetze noch die Frauenbewegung zu stürzen. Vielmehr wurde klar, daß das Ansehen der Frau als Mutter nicht in dem Maß durch das Gesetz gestützt werden muß, wie es der Mann bedarf. Die Autorität der italienischen Mutter spricht für sich und geht auf die Vergangenheit und auf eine lange Tradition zurück. Und so ist es auch für die italienischen Kinder – namentlich für Söhne – schwieriger als für andere, sich der Macht der Mamma rechtzeitig zu entziehen und erwachsen zu werden.

8.1.1984

15. Todestag von Anna Magnani

»É MORTA MAMMA ROMA« – Mamma Roma ist gestorben – so die Schlagzeilen, die heute vor 15 Jahren den Tod von Anna Magnani ankündigten. Sie war die größte und beliebteste italienische Schauspielerin. Die Todesfeier fand zwei Tage später statt, in der Kirche Santa Maria sopra Minerva, neben dem Pantheon, im Herzen von Rom, dort, wo die Schauspielerin auch immer gelebt hat.

Das Hauptportal der Kirche stand weit offen. Man konnte die Prominenz sehen, die im Innern der Kirche Platz genommen hatte: Vertreter der Republik Italiens und der Stadt Rom, Schauspieler, Regisseure, Filmproduzenten aus aller Welt. Draußen, auf der sonnendurchfluteten Piazza und in den benachbarten Straßen, drängten sich Tausende von Menschen: Anna Magnanis Freunde und viele »popolane romane« – Frauen aus dem Volk. Keine andere Filmschauspielerin hat je die Nöte und die Tapferkeit der römischen Frauen aus dem Volk so meisterhaft und wahrheitsgetreu wiedergegeben wie sie. Anna Magnani hat diese »popolane« erstmals auf der Leinwand zu neuer Würde erhoben. Deshalb standen diese Frauen dort, auf der Piazza. Sie nahmen Abschied von einem Menschen, der sie verstanden und geliebt hatte. Manche von ihnen weinten still. »Addio Nannarella«, wie die Schauspielerin heute noch in Rom genannt wird.

Als der mit roten Rosen bedeckte Sarg aus der Kirche getragen wurde, da löste sich die Spannung und die Ergriffenheit der Menge in brausendem Applaus auf. Dieser

Beifall – er galt der Schauspielerin und der Frau – war Anna Magnanis letzter Triumph.

Vittorio de Sica, der Regisseur, der Anna seit ihrer Jugend kannte und oft mit ihr gearbeitet hat, äußerte sich über die Schauspielerin folgendermaßen:

»Anna hatte das Bedürfnis zu geben, zu geben, zu geben; sie glaubte, nie genug zu geben und nie genug bekommen zu haben ... sie war ein äußerst treuer Mensch und verlangte ihrerseits absolute Treue ... Aber diese Treue, an der ihr so viel lag, hat Anna in ihrem Leben nie erfahren ...«

Anna Magnani hat ein schweres Leben gehabt: als Kind, als Frau, als Mutter. Ihr Erfolg ist ihr nicht in den Schoß gefallen.

Was die Öffentlichkeit erst Jahre nach ihrem Tod erfuhr, ist, daß Nannarella ein uneheliches Kind war. Ihren Vater, einen Kalabresen, hat sie nie gekannt. Sie wuchs bei der Großmutter in Rom auf, denn ihre Mutter, die knapp zwanzigjährige, wunderschöne Marina Magnani, heiratete bald einen wohlhabenden Österreicher und zog mit ihm nach Ägypten. Er wollte von einem unehelichen Kind nichts wissen. Erst mit neun Jahren lernte Anna ihre Mutter kennen; sie blieben einander stets fremd. Selbst mit ihren engsten Freunden sprach Anna Magnani nicht über ihre Kindheit. Es war eine Wunde, die sie in sich trug, die wohl nie vernarbt ist. Als die gütige Großmutter starb, da verlor Anna den Mittelpunkt ihrer Gefühle. Die Angst, verlassen zu werden, durchzog von nun an wie ein schwarzer Faden ihr Leben und alle ihre Liebesbeziehungen.

Weltberühmt wurde Anna Magnani unmittelbar nach dem Krieg durch das Meisterwerk des Regisseurs Roberto

Rossellini »Rom – offene Stadt«. In der Hauptrolle Anna als »popolana« – Römerin aus dem Volk – während der deutschen Besatzung der Stadt. Die Szene, in der Anna, sich die Seele aus dem Leib schreiend, hinter dem Lastwagen herrennt, in dem die deutschen Soldaten ihren Mann Francesco und andere Partisanen fortführen, ist ein Musterbeispiel italienischer Filmkunst. Die Soldaten schießen auf die Frau, sie stürzt vor den Augen ihres kleinen Sohnes tot auf die Straße.

Die Rolle in »Rom – offene Stadt« machte aus Anna Magnani über Nacht einen Weltstar. Der Film wurde im Jahre 1945, unmittelbar nach Kriegsende, mit sehr wenig Geld gedreht. Der Regisseur und seine Freunde mußten sogar ihre antiken Möbel verkaufen, um das Werk finanzieren zu können.

»Rom – offene Stadt« ist ein Standardwerk für alle Filmschaffenden, denn es bildet den Auftakt zu einer neuen Epoche der italienischen Filmgeschichte, der Epoche des Neorealismus. Die Regisseure drehten die Szenen nicht mehr wie bisher in den Filmstudios, sondern sie nutzten die Realität als Kulisse, die Straßen und Plätze, in denen sich vorwiegend gewöhnliche Menschen bewegten, keine Schauspieler. Nur innerhalb dieses neuen Filmstils konnte sich die Kunst der Anna Magnani voll entfalten. Eine Kunst, die allerdings nicht zufällig war. Hinter dem Erfolg der stets spontan wirkenden Schauspielerin liegen Jahre strenger Ausbildung und ein hartes Studium – auch ein langjähriges Musikstudium – an der Accademia di Santa Cecilia in Rom.

»Ich wurde nicht als Schauspielerin geboren«, gestand Anna Magnani einmal, »ich habe beschlossen, es zu werden, als ich noch ein Kind war, weil ich geliebt werden wollte.«

Anna Magnani entsprach nicht dem Schönheitsideal der dreißiger Jahre; aber die Intensität ihres Blicks, die feurigen, ausdrucksvollen Augen und ihr wirrer Haarwuchs unterstrichen ihre Persönlichkeit. Sie wurde gleich nach dem Abschlußdiplom an der Akademie engagiert und trat zunächst vorwiegend in sogenannten »avanspettacoli« auf, einer Art Revuetheater. Sie war eine brilliante Komödiantin; ihr dramatisches Talent entdeckte – viel später – als erster Roberto Rossellini. Auf der Bühne bewegte sich schon die junge Anna Magnani wie zu Hause. Sie spielte nicht – sie lebte.

In den frühen dreißiger Jahren heiratete Anna Magnani einen wohlhabenden, gebildeten, etwas versnobten Regisseur: Goffredo Alessandrini, der sich in Hollywood einen Namen gemacht hatte. Anna war damals 27 Jahre alt und in Italien als Theaterschauspielerin bekannt und geschätzt.

Zum ersten Mal fühlte sie sich glücklich: Zum ersten Mal hatte sie ein eigenes Heim und einen Mann an ihrer Seite, den sie liebte und von dem sie geliebt wurde. Doch das Glück dauerte nur wenige Jahre. Ihrem Wesen entsprechend erhob Anna Anspruch auf totale Hingabe und exklusive Liebe. Die Ehe scheiterte nicht nur an Alessandrinis Untreue – sondern auch an Annas maßlosem Bedürfnis, »zu geben und zu bekommen«, wie der Regisseur de Sica schon sehr früh erkannt hatte. Trotz ihrer Großzügigkeit, ihrer Loyalität und einer tiefen, von der Intuition getragenen Intelligenz war Anna – so Goffredo Alessandrini – »ein gequältes, unduldsames Wesen, das weder Frieden geben noch Frieden finden konnte«.

Den Schmerz, den eine Frau empfindet, wenn der geliebte Mann sie verläßt, hat Anna – etliche Jahre später – in einem Film verewigt. Es handelt sich um die Realisierung einer Erzählung von Jean Cocteaus »La voix humaine« – »Die geliebte Stimme«. Der Film trägt den Titel »L'amore«: Roberto Rossellini hat ihn auf Anna Magnani zugeschnitten. Es ist ein 45 Minuten dauernder Monolog am Telefon: das letzte Gespräch einer Frau mit ihrem Geliebten, der sie verlassen hat. Inhalt des langen Gesprächs: die letzte Hoffnung, die letzte Illusion und das Ende einer Liebe. Der Regisseur bedient sich dabei der Filmkamera wie eines Mikroskops, mit dem er auf dem Antlitz der Schauspielerin alle Schattierungen der Verzweiflung und der Hoffnung erforscht – auf geradezu indiskrete Weise. Der Film konnte kein Publikumserfolg werden – es fehlt ihm jede Handlung –, aber er offenbarte Anna Magnanis unübertroffenes Talent, Lieben und Leiden wiederzugeben.

Anna Magnani war 34 Jahre alt, als ihr größter Wunsch in Erfüllung ging: Sie wurde Mutter eines Sohnes, Luca. Ein Kind, das sie – ihrem Wesen entsprechend – abgöttisch liebte. Er gehörte ihr um so mehr »ganz«, wie sie sagte, als die Beziehung zum Vater des Kindes – es war der junge Schauspieler Massimo Serato – nicht lange anhielt. Sie trug die ganze Verantwortung für Luca und überschüttete ihn mit Liebe; mit der Liebe, die ihr in der Kindheit gefehlt hatte. Als Luca drei Jahre alt war, erkrankte er an Kinderlähmung. Dank des unermüdlichen Bemühens der Mutter wurde das Kind in den international renommiertesten Kliniken behandelt. Luca überlebte – ist aber seither gelähmt. Das Schicksal hatte Anna an ihrer empfindlichsten Stelle getroffen: in ihrem Muttergefühl. Es scheint, als hätte sie durch alle Höhen und Tiefen des Lebens gehen müssen, um all diese Gefühle als Künstlerin im Film und im Theater darstellen zu können. Denn den Schmerz einer in ihrem Innersten verletzten Mutter wußte Anna Magnani in dem Film »Bellissima« von Luchino Visconti in unübertroffener Weise zu zeigen.

Ihrem Sohn Luca galt bis zum letzten Atemzug Annas uneingeschränkte Liebe und Sorge. Luca gehörte, zusammen mit Roberto Rossellini, zu den Menschen, die der Schauspielerin am nächsten gestanden haben. Der Regisseur hat die Schauspielerin durch »Rom – offene Stadt« nicht nur weltweit bekannt gemacht, er hat Anna auch geliebt wie kein anderer. Von dieser Liebe erfuhr die ganze Welt, weil sie mit der spannendsten Lovestory der Nachkriegszeit verbunden ist. Ingrid Bergman, die schwedische Schauspielerin, verliebte sich in den verführerischen Rossellini und erwartete ein Kind von ihm, bevor sie sich von ihrem Ehemann Lindström hatte scheiden lassen. Das sittenstrenge Amerika empörte sich, und das Klischee vom Italiener als Latinlover ging um die Welt. Anna Magnani erfuhr von ihrem Schicksal aus der Presse, die ausführlich über jede Einzelheit berichtete. Roberto Rossellini hatte nicht den Mut gehabt, ihr persönlich zu sagen, daß er sie nicht mehr liebte und hatte – indirekt sozusagen – die Journalisten damit beauftragt. Anna Magnani fühlte sich tiefverletzt, gedemütigt und wieder einmal – verraten.

Loyalität und Wahrheit aber hielt Anna für ihre höchsten Tugenden. Sie wurde wiederum in ihrem Glauben bestätigt, daß »Tiere treuer sind als Menschen«. Ihre Freunde bestätigen es: Annas intensive Tierliebe beruhte auf dieser Überzeugung. Ihre Wohnung im Palazzo Altieri, im historischen Kern der Stadt, war Zufluchtsort und Asyl für Hunde, Katzen und Vögel. In Rom wurde das bekannt, als eine ihrer sprechenden Amseln aus Annas Wohnung wegflog und die Öffentlichkeit sich damit beschäftigte. »... Die Amsel flog weg, als ich den Käfig reinigte ... ich habe das Gefühl, daß jemand sie gefunden hat und sie nicht zurückbringt, weil sie sprechen kann ... ich hoffe, daß der Finder sich rühren läßt und mir den Vogel zurückbringt. Auch Luca ist sehr traurig über den Verlust. Amseln brauchen eine besondere Pflege, einen großen Käfig und müssen hin und wieder auch in einem Raum frei herumfliegen können. Und wenn der Finder den Vogel in einen engen Käfig steckt, dann ist es doch besser, daß er ihn mir zurückbringt ...«

Die Krise des italienischen Films wurde dadurch deutlich, daß einer Schauspielerin wie Anna Magnani – ab Mitte der sechziger Jahre – kaum mehr Filme angeboten wurden, die ihrer Kunst würdig waren. Vergeblich wartete sie auf Rollen wie in »Die tätowierte Rose« nach einer Erzählung von Tennessee Williams; mit diesem Film hatte Anna Magnani als erste Italienerin den Oscar gewonnen – im Jahre 1955.

Vom Film enttäuscht, träumte sie wieder vom Theater. Aber zwanzig Jahre lang hatte sie nicht mehr auf einer Bühne gestanden und war unsicher, ob ihr das noch einmal gelingen würde.

Journalisten gegenüber sagte sie: »Jetzt habe ich einen anderen Traum: Ich hoffe, daß er in Erfüllung gehen wird, daß ich zum Theater zurückkehren kann ... Und auch dies wird dann ein weiterer Beweis meiner Liebe zum Publikum und zur Kunst sein.«

Annas Traum ging in Erfüllung. Mit »La Lupa«, nach einer Novelle des Sizilianers Giovanni Verga, inszeniert von Franco Zeffirelli, reiste Anna Magnani durch ganz Europa: Paris, Zürich, Wien, Moskau, Leningrad, Warschau, Berlin. Die Tournee dauerte vier Jahre, und überall wurde die Schauspielerin mit Beifall und dem Lob der Kritiker überschüttet.

Nur für das Fernsehen hatte Anna nie arbeiten wollen. Sie fürchtete, daß das Technische an diesem Medium ihrem schauspielerischen Können Grenzen setzen würde. Um so dankbarer ist man heute, daß sie sich – im Jahre 1971 – dennoch davon überzeugen ließ, das Experiment Fernsehen zu wagen. Es geht um vier Frauenschicksale, um die Lebensgeschichten von vier Italienerinnen von der Einigung Italiens im Jahre 1870 bis zur Gegenwart; Frauen, die gelitten, gekämpft und verloren haben. Sie selber sagte dazu: »Ich bin froh darüber, daß es mir am Ende meiner Karriere gelungen ist, eine Zusammenfassung aller Frauengestalten wiederzugeben, die ich am meisten geliebt habe ...«

Anna war sterbenskrank, als sie vom Krankenbett aus den Wunsch äußerte, den Film im Fernsehen zu sehen. So hat die RAI ihn ins Programm genommen. Heute vor 15 Jahren wurde der Film »1870«, so der Titel, ausgestrahlt – Anna Magnanis letzter Film.

Sie aber konnte ihn nicht mehr sehen. Zwei Stunden zuvor ist sie gestorben – an ihrer Seite – bis zuletzt – die beiden wichtigsten Männer in ihrem Leben: Sohn Luca und Roberto Rossellini.

Die 20-Uhr-Tagesschau verbreitete die Nachricht vom Tod der Schauspielerin. Unmittelbar danach folgte der Film. Ganz Italien saß heute vor 15 Jahren vor dem Bildschirm und nahm Abschied von Nannarella.

26. 9. 1988

ITALIENISCHE MÄNNER

Über italienische Männer

Zu Männern habe ich immer ein ausgesprochen gutes Verhältnis gehabt (unberufen, toi, toi, toi). Es begann mit meinem Großvater. Der Großvater war ein Italiener, mit all dem Charme, dem Liebenswerten und den stets überraschenden Einfällen, die den italienischen Männern im allgemeinen nachgesagt werden. Drei Faktoren unterscheiden meines Erachtens die italienischen von den deutschen Männern – drei Merkmale, von denen sich dann all ihr Verführungsvermögen und ihre Schwächen ableiten lassen: Zeit, Phantasie und – die Mamma.

Die italienischen Männer haben immer Zeit für die Frau, die sie interessiert; haben sie keine, so erfinden sie sie. So läßt sich auch die Frage, ob der Italiener fleißig sei oder nicht, nur schwer beantworten: Es hängt von der Zeit ab, die übrigbleibt, nachdem er sich der geliebten Frau gewidmet hat. Der Italiener faßt die Werbung um eine Frau als eine hauptamtliche Tätigkeit auf; er arbeitet nicht halbtags daran. So schmeichelhaft dies für eine Frau sein kann; es hebt die gockelhafte Haltung hervor, die in der Frau ein untergebenes, also nicht ebenbürtiges Wesen sieht.

Phantasie – darin sind die italienischen Männer Weltmeister. Phantasie im Erfinden, Erdenken, Ergrübeln und Herbeiführen von Situationen, in denen sie unweigerlich eine Glanzrolle spielen und die Frau sich im Glanz des Mannes sonnen darf. Phantasie im Erfinden von Komplimenten, von Kosenamen, von kleinen Gesten, die den Alltag zum einmaligen Erlebnis werden lassen. Das Erfolgsgeheimnis so vieler als »latin lovers« weltberühmt gewordener Italiener besteht genau darin; nicht in übernatürlichen Leistungen, sondern in der breiten Skala ihrer Ausdrucksmöglichkeiten. Das Aussprechen, Ausschmücken; das Kommunizieren ihres Glücks oder Unglücks – das ist eine unbestreitbare lateinische Gabe. Das hat der italienische Mann von seiner Mamma gelernt, noch in seinen Kinderjahren.

Die »Mamma«, das Verhältnis zu ihr ist die Grundlage, auf der der italienische Mann sein Wesen aufbaut. Die »Mamma« ist nicht etwa das, was für einen Deutschen die Mutter ist, beileibe nicht. Die »Mamma«, das ist die Wärme und das Beschützende in seinem Leben, das ist die Säule, auf der das psychische, seelische und materielle Leben vieler Italiener ruht.

Das Verhältnis des Italieners zur Frau, ist sie einmal geheiratet worden, ist für einen Deutschen kaum faßbar. Mehr als Frau ist sie »La Mamma dei miei figli«, die Mutter meiner Kinder – eine ungemein bevorzugte Stellung, nach Meinung vieler Italiener. Womit ihr in der ganzen Verwandtschaft ein Denkmal gesetzt wird. Die »Mutter meiner Kinder« darf ruhig einmal betrogen werden; das tun die Italiener – glaube ich – ebenso häufig und ebenso selten wie alle Männer auf der ganzen Welt. Nur spricht man hier nicht davon. »Si fa ma non si dice«, lautet ein weiser Volksspruch: Man tut es – verschweigt es aber. Erst wenn es der Partner weiß, taucht für die meisten der Betrug in Form einer Gewissensfrage auf. Im allgemeinen betrügen die Italiener mit ebensoviel Phantasie wie sie lieben; also erfahren es die wenigsten Frauen. Was das Leben sicher vereinfacht. Das Recht zu betrügen beanspruchen hier die meisten

Männer nur für sich; die Frau, die eigene natürlich, muß makellos sein, so wie es die eigene Mutter ist. Denn einen italienischen Mann betrügen heißt sein Ehrgefühl verletzen; heute sagt man »frustrieren«. Ein gehörnter Mann ist hier lächerlich, eine gehörnte Frau wird bemitleidet; beides ist unangenehm. Trotz aller theoretischen Äußerungen, zu denen sich manche hinreißen lassen: Der Frau wird in den seltensten Fällen dieselbe Freiheit gewährt, die der Mann sich nimmt. Da der Italiener in den meisten Fällen unbewußt das Bild seiner Mutter mit sich herumträgt, opfert er das Verhältnis zu seiner Frau – unbewußt – dem Idol der Mutter; er »achtet« seine Gattin mehr als Mythos denn als Frau, da die Familie ein Kern ist, der in der auseinanderfallenden Gesellschaft noch Bestand hat. Da der italienische Mann eitel ist (nicht nur äußerlich legt er Wert darauf, »bella figura« zu machen), wird mit einem Seitensprung seiner Frau – von dem man weiß – seine Machtstellung in der Gesellschaft angegriffen. Da er eitel ist, darf dies nicht geschehen. Die Frau hat ja auch ihren eigenen Machtbereich, die Familie. Dort regiert sie als absolute Monarchin; diese weibliche Machtstellung erklärt zum guten Teil die Schwierigkeiten, auf die die Frauenemanzipation in Italien stößt. Zwischen Mann und Frau gibt es eine stillschweigende und beiderseitig seit Urzeiten akzeptierte Verteilung der Machtzentren: er Gesellschaft, sie Familie. Insofern ist es falsch, immer nur von der mangelnden Frauenemanzipation zu sprechen, denn die Emanzipation der Männer ist genausowenig verwirklicht.

Findet man aber einen Mann, einen italienischen Mann, der diese atavistischen Grundübel, also die Auffassung von

Familie als Klan und von Frau allein als »Mutter meiner Kinder«, überwunden hat, findet man also einen Mann, der auch psychologisch ein Europäer geworden ist, dann übertrifft – nach meiner persönlichen Erfahrung – das Leben mit einem italienischen Mann alles, was das Leben in dieser Hinsicht sonst zu bieten hat.

1975

Der letzte Mann*

Eine Frauendemonstration in Rom. Die Frauen haben, auch in Italien, seit einigen Jahren, im politischen sowie sozialen Kampf eine eigene, unabhängige Rolle übernommen. Die Emanzipierten sind noch nicht die Mehrheit aber sie sind schon eine Macht, auf die auch die Parteien Rücksicht nehmen müssen.

»Weder Huren noch Madonnen – sondern endlich Frauen« – das ist einer ihrer bezeichnenden Slogans. Die Frauenbewegung hat das Verhältnis zwischen Mann und Frau auf allen Gebieten beeinflußt; auch das sexuelle Verhältnis zum Mann hat sich teilweise verändert. Viele Frauen lehnen ihre geschichtsbedingte Rolle ab. Sie wollen nicht mehr »Objekt« des Mannes sein, wie sie sich ausdrücken; sie fordern ein Gleichheitsverhältnis auch im Bett. Diese für viele italienischen Männer geradezu revolutionäre Einstellung hat manche in eine tiefgreifende Krise gestürzt, und viele waren darauf nicht vorbereitet und sind krampfhaft auf der Suche nach einer neuen Rolle.

Die Armen – poverni – sagen heute viele Leute von diesen Männern. Sie sind im beschützenden Schoß der italienischen Familie und in einer auf der männlichen Herrschaft beruhenden Gesellschaft erzogen worden – und nun stehen manche von ihnen so hilf-, rat- und tatlos vor dieser sie überrennenden Geschlechterrevolution. Der Mythos des –

---

* Erscheint zum ersten Mal in Buchform.

besonders im Ausland so verbreiteten – »Latinlovers« ist vorbei.

Marco Lombardo Radice, 30 Jahre alt, Arzt, ist ein Prototyp des Mannes in der Rollenkrise. Nicht zufällig lebt er nun mit einem Hund, statt mit einer Frau zusammen.

Lombardo Radice hat in einem Buch »Der letzte Mann« die anonymen, intimen Beichten von vier jungen Genossen der Neuen Linken gesammelt. Die Genossen fühlen sich als »letzte Männer« einer im Zerfall befindlichen Gesellschaft und suchen verzweifelt nach einem Weg, um als Männer noch zu bestehen. Sie versuchen alles – von der Homosexualität bis zur Theorie erhobenen Selbstbefriedigung.

Die Krise ist fast ausschließlich innerhalb der intellektuellen, extremen Linken zu spüren; berührt also eine Minderheit. In der Theorie sind sie für die Gleichheit der Geschlechter, in der Praxis aber – Marx hin oder her – haben sie die Frauenemanzipation noch nicht richtig verdaut. Sie versagen auf sexuellem Gebiet und suchen einen Sündenbock dafür.

Franca Magnani: *Wenn Sie von der Krise der Rolle des Mannes sprechen, inwieweit unterscheidet sich diese von der Krise, die heute auch die Frau berührt?*

Lombardo Radice: Sie unterscheidet sich radikal – denn es ist eine vom Feminismus provozierte, hervorgerufene Krise. Der Unterschied ist derselbe wie der zwischen einer Bewegung der Unterdrückten und einer Krise der Unterdrücker. Der Ausgangspunkt ist grundverschieden. Für einen Mann ist sein historisch gefestigtes Privileg der Ausgangspunkt, für eine Frau ist der Ausgangspunkt ein ganz anderer.

Hat dies nicht auch für die Frau, die an diese männliche Rolle gebunden ist, Folgen?

In der Tat – ich stimme dem zu. Ich führte dies auch im Vorwort zum Buch »Der letzte Mann« an. Es gibt diesen Widerspruch. Einerseits wird von uns verlangt, daß wir als Männer unsere Rolle ändern, andererseits ruft diese Änderung – in dem Maße, in dem sie stattfindet – weitere Schwierigkeiten im Verhältnis zur Frau hervor. Übrigens glaube ich, daß dies so tiefgreifende Prozesse sind, so tiefgehende Änderungen in den Strukturen der Beziehungen, daß viele, viele Jahre erforderlich sind, bis sie sich einpendeln.

Was ganz anderes: Möchten Sie einen Sohn oder eine Tochter...

Ehrlich gesagt: einen Sohn.

23. 5. 1978

Cazzone

FEDERICO FELLINIS NEUER FILM »Stadt der Frauen«, der nunmehr in allen italienischen Großstädten zu sehen ist, hat im Land lebhafte Diskussionen ausgelöst. Die große Mehrheit der Kinobesucher äußert sich nicht so sehr über den künstlerischen Wert des Filmes, das heißt, ob »Stadt der Frauen« ein echtes fellinianisches Kunstwerk sei oder nicht, als vielmehr über das Zentralthema des Films, nämlich die Beziehung des Italieners zur heutigen Frau. Das neueste Werk des heute sechzigjährigen Fellini ist eine Traumerzählung: die Reise eines Mannes auf der Suche nach dem Wesen »Weib«. Auf dieser Suche gerät der von Marcello Mastroianni dargestellte Mann zunächst einmal in eine Feministinnenversammlung und später in ein Schloß, in dem der Eigentümer, Dr. Cazzone, gerade seinen zehntausendsten Beischlaf feiert und sich damit von seinem Liebesleben verabschiedet.

»Cazzone« ist in der italienischen Sprache ein sehr grober, vulgärer Ausdruck für den Penis. Mit Dr. Cazzone will Regisseur Fellini jenen Mann darstellen, dessen Hauptmerkmal und Hauptsorge im Leben sein Penis ist; ja, jenen Mann, der überhaupt nur als Funktion seines Gliedes lebt. In einem eigens dazu hergestellten Archiv hat Dr. Cazzone z. B. die Tonbänder aller Liebesseufzer seiner 10.000 Geliebten eingeordnet. Eine typisch fellinianische Film-Phantasie.

Es ist wohl kaum ein Zufall, daß Fellini ein solches Thema aufgeworfen hat, auch wenn die Frau als Sexobjekt seit jeher in obsessiver Form im Leben und in den Filmen Fellinis erscheint; Psychoanalytiker würden sagen: er hat einen Frauenkomplex. Und die Diskussion über diese Art von Komplex ist nun auch in Italien höchst aktuell. Nicht zu leugnen ist, daß die Emanzipationsbestrebungen der Italienerinnen – nicht nur der Feministinnen – den italienischen Mann zunächst einmal überrascht, dann verwirrt, später verunsichert und ihn zuletzt in eine tiefe Krise gestürzt haben, deren Folgen – für den Mann *und* die Frau – noch gar nicht abzusehen sind. Fellini spricht in einem Interview deutlich aus, was ihn plagt: »Der Mann muß sich nun verändern, da es die ›Frau seiner Träume‹ in Wirklichkeit gar nicht mehr gibt, ja nicht mehr geben kann ...« Und wie sieht diese »Traumfrau« aus? Fellini sieht sie in seinen Filmen – aber nicht nur in seinen Filmen, wie er auch zugibt – schwebend zwischen der Heiligkeit der Madonna und der üppigen, großbusigen, vielversprechenden Hure; wobei die allesverzeihende, allesverstehende italienische Mamma dem Sohne allzeit ihren Segen dazu erteilt.

Nun denke man an den vor kurzem eingebrachten Gesetzentwurf zur sexuellen Gleichberechtigung der Frau, laut dem – wenn der Entwurf im Parlament gutgeheißen wird – eine Frau ihrem ihr angetrauten Mann schlicht und einfach »nein« sagen darf; und wenn der besagte Mann auf Liebe besteht, darf sie den Ehemann anzeigen – natürlich nur, wenn das Gesetz angenommen wird. Nun, man mag dazu stehen, wie man will: doch man wird zugeben müssen, daß allein diese Einstellung deutlich zeigt, daß in Italien auf der Ebene der Beziehungen zwischen Mann und Frau eine Revolution im Gange ist. Die wichtigsten Kampfplätze für die Emanzipation der kämpfenden Italienerinnen sind Ehe und Familie.

Die Frage, die Regisseur Fellini mit seinem Film landesweit aufgeworfen hat und womit sich heute so viele beschäftigen, lautet: Gibt es ihn überhaupt noch, den Dr. Cazzone-Typ, den Sex-Archivar, den Beischlafbibliothekar, also eine vom Sex-Mythos getragene Variante des Latinlovers vergangener Jahre? Gibt es ihn tatsächlich noch, nach der Einführung des Ehescheidungsrechts, der Liberalisierung der Abtreibung und dem Antidiskriminierungsgesetz, d.h. nach der erlangten rechtlichen Gleichstellung der Frau? Italienische Zeitschriften wie »Panorama« haben diesbezüglich Umfragen durchgeführt. Das Ergebnis: Es gibt mehr als eine Antwort auf die Frage; für manche ist der Dr. Cazzone-Mann das Symbol einer nunmehr ins Schwanken geratenen, dem Untergang geweihten Männlichkeit; andere dagegen vertreten die Meinung, daß sich die Mentalität des Gockels und seinesgleichen noch bester Gesundheit erfreut. Doch über eines sind sich alle – Sexologen und Psychologen, Feministinnen und Soziologen – einig: So leicht verschwindet dieser Typ Mann in Italien nicht.

Gabriella Parca, die Autorin des Bestsellers »Der Pascha« und Chefredakteurin der feministischen Zeitschrift »Donna oggi«, meinte dazu: »Es ist sehr schwierig, das Reich des Dr. Cazzone zu besiegen; besonders in einem Land wie Italien, in dem eine überbetonte Männlichkeit immer noch das ersehnte Ziel vieler Männer ist.« Und Professor Cesare Musatti, einer der bekanntesten Psychoanalytiker Italiens, erklärte: »Die Feministinnen haben sicher gut daran getan, in der Frage der Sexualität das Eis zu brechen; bei vielen von ihnen ist aber jetzt die Angst, dadurch den Mann kastriert zu haben, sehr groß. Am Schluß ziehen die Frauen eben doch einen Don Juan einem Eunuchen vor.«

Auch auf diesem Gebiet scheint Italien ein Land voller Widersprüche zu sein. Vermutlich, weil die Emanzipationsbewegung auf breiter Basis jünger ist als in anderen Ländern und weil sie so plötzlich und so stürmisch erfolgt ist. So, wie sich Italien innerhalb einer einzigen Generation von einem Agrarland in ein Industrieland verwandelt hat und dadurch die wirtschaftlichen und sozialen Strukturen des Landes in den Grundfesten erschüttert wurden, genauso stürmisch und plötzlich ist auch die Revolution bei den Sitten erfolgt.

Da sind Rückschläge auf der Ebene der emanzipatorischen Errungenschaften und damit verbundene Widersprüche unvermeidlich; diese wiederum lösen ihrerseits Krisen aus. Viele Italienerinnen – man denke dabei an den Süden und an die weibliche Bevölkerung auf dem Land – sind z. B. noch nicht dazu bereit, auf sexuellem Gebiet die Initiative zu ergreifen. Anfänglich, im Zuge des Emanzipationsgedankens, mögen sie eine gewisse Bereitschaft dazu gezeigt haben, die ihr überlieferten traditionellen Mittel zur Eroberung eines männlichen Herzens – wie Schlauheit, gespielte Hilflosigkeit und Schutzbedürfnis – aufzugeben und durch eine auf Freundschaft und Gleichberechtigung beruhende Beziehung zu ersetzen. – Und der Mann? Er hat in vielen Fällen das dadurch entstandene Verhältnis, in dem er nicht mehr wie früher auf jenem Thron saß, auf den ihn bereits seine Mamma gehoben hatte, noch weniger verkraftet als die Frau; *seine* Krise ist tiefer.

Wenn dem nicht so wäre, dann würde man in Italien heute nicht so eingehend, so oft und so leidenschaftlich über die Krise des Mannes schreiben und debattieren.

Fellini hat also mit »Stadt der Frauen« ein Problem aufgegriffen, das seit längerer Zeit in der Luft liegt. In seinem Film kommt keine einzige von einer Frau ausgehende Geste der Liebe, der Zärtlichkeit oder der Güte vor; insofern haben jene Feministinnen nicht unrecht, die den Film schlicht als »frauenfeindlich« abstempeln. Doch der Mann macht in Fellinis Film – wenn man genauer darüber nachdenkt – eine noch kläglichere Figur; er ist völlig in die Defensive gedrängt worden und erleidet schlußendlich Schiffbruch.

Gerade wegen dieser kläglichen, hilflosen Figur, die der italienische Mann nun oft in der Beziehung zur Frau abgibt, sehnen sich so viele Frauen – bewußt oder unbewußt – nach einem bestimmten Typ von Mann zurück, der in manchen Fällen von jenem alten Klischee des Latinlovers nicht weit entfernt ist. Dadurch aber entsteht wiederum die Gefahr, daß der Mann – mit dem Sexkult – die günstige Gelegenheit wittert, den verlorenen Boden wieder zurückgewinnt und infolgedessen allmählich jene Macht zurückerobert, die ihm die Emanzipationsbestrebungen der Italienerin entrissen hatten.

So paradox es klingt: Der Prototyp des Gockels nutzt die Furcht vieler Frauen aus, die nun Angst vor ihrer Courage bekommen, weil sie die Folgen davon im Verhalten der Männer – man kann wohl sagen – am eigenen Leib erfahren haben.

August 1980

Marcello Mastroianni

»WHAT'S GOING ON?« fragten an einem heißen Augustmorgen zwei amerikanische Touristinnen auf der Piazza della Pilotta im Herzen des historischen Rom. Die Frage war berechtigt: Einige Männer versuchten schreiend und gestikulierend die sperrigen Reisebusse von der Piazza fernzuhalten. Diese mußte leer sein, weil dort Szenen zu dem Film »Mattia Pascal« gedreht wurden, nach dem gleichnamigen Roman des sizilianischen Schriftstellers Luigi Pirandello. Die Busfahrer ihrerseits wollten um jeden Preis gerade dort parken, damit die Touristen zur nahe liegenden Fontana di Trevi wandern konnten. »What's going on?« und »Who is that man?« fragten erneut die beiden Touristinnen und zeigten mit dem Finger auf einen Mann, der gemächlich, einen Regenmantel und eine Aktentasche in der Hand, quer über den endlich verkehrsfreien Platz schlenderte. »He is Marcello Mastroianni, the italian actor«, antwortete ich.

»Are you sure? He doesn't look like a latin lover...«

Marcello Mastroianni wurde auf seinem Gang über die Piazza jäh von Regisseur Mario Monicelli gestoppt: »Ripetere« – wiederholen! Mastroianni kehrte anstandslos zum Ausgangspunkt zurück: zwei-, drei-, viermal wiederholte er die Szene, geduldig und zahm wie ein Lamm, bis der befreiende Ruf des Regisseurs ertönte: »Basta, benone!«

Was hatte die beiden amerikanischen Touristinnen dazu bewogen, Mastroianni als »latin lover« zu bezeichnen? Wir wollten Marcello gerne selber danach fragen, als er uns in einer Drehpause zum Interview empfing, und zwar im Wohnwagen der Filmproduktion, an der Ecke der Piazza della Pilotta.

Italiens berühmtester Filmschauspieler zeigte sich von einer natürlichen Freundlichkeit, keine Spur von Starallüren. Einfach, spontan und ungeziert ist seine Art zu sprechen. Weiche, regelmäßige Züge zeichnen sein Gesicht aus; Charakterfalten hat er nicht. In einer Menge würde er untertauchen; er ist unauffällig. Im Wesen wirkt er vertrauenerweckend, höflich, zuvorkommend; alles in Maßen gehalten. Das alles galt, bis im Laufe des Gesprächs auf einmal der Begriff »latin lover« fiel. Da erst belebte sich Marcello Mastroianni richtig und sagte in barschem Ton: »Kein Wort darüber – ich bin Schauspieler von Beruf und kein ›latin lover‹. Man hat mir dieses Etikett in Amerika angehängt, vor vielen Jahren, und seither wurde ich zum Klischee des ›latin lovers‹. Und in meinem Alter – ich bin 60 Jahre alt – ist es nicht nur lächerlich, sondern sogar peinlich.« Er kokettierte mehrmals mit seinem Alter. »Übrigens habe ich nur wenige Verführerrollen gespielt. Impotente Männer, Homosexuelle ja – doch selbst in Fellinis Filmen sind die intellektuellen Hauptdarsteller nie außergewöhnliche Liebhaber. Es sind überwiegend zerbrechliche, sensible, empfindsame Männer, die sich wohl für die Frau als solche interessieren; aber es sind Männer voller innerer Widersprüche, seelisch komplizierte, zwiespältige Gestalten, so wie es die meisten Menschen eben sind. Ich empfinde es als Beleidigung, wenn man mich als ›latin lover‹ bezeichnet ...«

Er beruhigte sich, als wir ihn davon überzeugten, daß wir nichts Näheres über seine bekannten oder unbekannten

Liebesaffären wissen wollten. Steht man Mastroianni heute gegenüber, fällt es einem schwer, sich diesen Schauspieler als großen Liebhaber vorzustellen. Sein Wesen strahlt Gemütlichkeit und fast Trägheit aus, was von vornherein die Fähigkeit zu großen Leidenschaften ausschließt. Es ist angenehm, mit ihm zu sprechen, weil er spontan ist; die Worte legt er nicht auf die Goldwaage; er rechnet sich nicht den Effekt aus, den seine Aussagen auslösen könnten. Man versteht, weshalb ihn die Italiener allgemein »simpatico« – sympathisch – finden.

Eingebildet ist er nicht; gerne gibt Mastroianni zu, daß es im Leben auch eine gute Portion Glück braucht, um zum Erfolg zu gelangen. Wann eröffnete sich ihm seine große Chance?

Als Marcello in Rom Architektur studierte und an einer Operette mitwirkte, die die akademische Theatergruppe inszeniert hatte. (Den Lebensunterhalt verdiente er sich mit Gelegenheitsarbeiten, als Buchhalter.) Im Theatersaal saß zufällig ein Regieassistent des damals bereits berühmten Filmemachers Luchino Visconti. Unter allen Mitwirkenden fiel dem Assistenten Marcello Mastroianni auf, und er stellte ihn seinem Meister Visconti vor. Es war Visconti, der aus Mastroianni einen Berufsschauspieler machte. Dazu Marcello: »Visconti war sehr anspruchsvoll; aber hinter seinem Eigensinn steckten Stil, Format und Perfektion. Jedermann hatte sich an Viscontis Anweisungen zu halten; er war unerbittlich. Visconti war auf seine Weise tyrannisch, aber genial; für mich ist er eine Vaterfigur; ich konnte nie ›du‹ zu ihm sagen.«

Unter Viscontis einschneidender Führung spielte Mastroianni ab 1948 – also bereits mit 24 Jahren – Shakespeare,

Goldoni, Tschechow, Arthur Miller, Tennessee Williams. Als 33jähriger debütierte Marcello dann auch im Film, und zwar in »Le notti bianche« (»Die weißen Nächte«), unter der Regie von Visconti, und mit Maria Schell als Hauptdarstellerin. Seither hat Marcello über 110 Filme gedreht; aber es waren jene unter Fellinis Regie – »La dolce vita« und »Achteinhalb« –, die Marcello über Italiens Grenzen hinaus berühmt machten.

Nach fast dreißigjähriger Unterbrechung ist Mastroianni vorübergehend zum Theater zurückgekehrt; im vergangenen Jahr bis zum Mai dieses Jahres hat er in Paris in François Billetdoux' Stück »Cin Cin« die Hauptrolle gespielt; der Italiener erntete großen Beifall, obschon er auf französisch spielte und seine Aussprache nicht einwandfrei ist. Dennoch kehrte Mastroianni gerne wieder zum Film zurück.

Wo liegt für ihn der Unterschied zwischen Theater und Kino?

»Das Theater ist für mich eine Art Tempel, in dem Religiosität, Disziplin und Schweigen herrschen. Der Zauber liegt in dieser Art religiösen Stimmung ... Das Cinema dagegen, das ist für mich der Tempel des Ungefähren – Cinema, das ist ein Happening; da kann nie alles vorausgesehen werden: Plötzlich geht das Licht aus, unvorhergesehene Geräusche entstehen, Autos werden dort geparkt, wo sie es nicht dürften usw. Man muß sich beim Film sofort an die neuentstandene, unvorhergesehene Situation anpassen können; das gefällt mir sehr ...

Und jetzt spiele ich gerne die Rolle des ›Mattia Pascal‹, ein Mann, der vor der Realität flieht, indem er seine wahre Identität verwischt und sich jene eines anderen aneignet ...« Der

Schauspieler tut ja im Grunde nichts anderes als sich maskieren, sich verstecken, sich nicht exponieren, er nimmt eine andere Persönlichkeit an, oder er täuscht vor, eine zu haben, hat Marcello einmal erklärt. Das macht ihm viel Spaß.

Mastroianni macht sich oft über amerikanische Schauspieler lustig, jene, die sich in ihre Rolle geradezu »hineinversetzen«, die Identität der zu spielenden Personen annahmen, die monatelang z. B. boxen lernen, nur weil sie einen Boxkämpfer zu spielen haben. »Was hätte ich nach diesem Prinzip tun müssen, als ich die Rolle des verrückten Heinrich IV. spielte, zuerst einmal einige Monate im Irrenhaus verbringen? Das ist doch alles verrücktes Zeug, oder Angeberei, oder Neurose. *Diese* Art von Perfektionismus, die verstehe ich nicht ... Kino, Cinema, das ist doch Lüge, der Schauspieler ist ein Schwindler; sollen wir denn wirklich alles ernst nehmen? Mir ist übrigens das amerikanische Actor's Studio stets auf die Nerven gegangen; all diese Schulen, diese Manien, diese Tics ... Viele amerikanische Schauspieler sind rauschgiftsüchtig, das ist bekannt; ein Rausch gewährt absolute Freiheit; das kann nützen und helfen, in bestimmten Situationen. Aber die Dramatisierung des Berufs, nein, das verstehe ich nicht. Spielen, das ist doch ein großartiges Vergnügen und kein Leiden. Der Schauspieler vergnügt sich beim Spielen; die eigene Rolle gut zu spielen ist schön, wie ein schöner Orgasmus ...«

Seit über 35 Jahren ist Marcello Mastroianni mit Flora Clarabella verheiratet, einer Schauspielerin, die er auf der Universität kennengelernt hat. Heute spielt Flora kaum mehr; ihre Hauptbeschäftigung besteht darin, sagte sie uns einmal scherzend, das Lebensschiff Marcellos, das oft durch bewegte sentimentale Gewässer segelt, in den sicheren Hafen zurückzuführen, nämlich in ihren. Flora ist zweifellos Marcellos beste Freundin. Sie ist auch immer die erste, die von den Liebesaffären ihres Mannes erfährt, und die erste, die weiß, wann sie beendet sind. Und diese Affären enden immer, früher oder später – sagt sie. Warum eigentlich? fragten wir Signora Flora einmal. »Marcello è un pigro« ... Marcello ist doch träge, gab sie lachend zur Antwort.

Die Mastroiannis haben ein Haus in Rom, eine kleine Villa aus der Jahrhundertwende nahe dem Tiber, und ein großes Haus außerhalb Roms. Da trifft sich die Familie immer wieder, wenn Marcello oder Flora von ihren Reisen zurückkehren; beide reisen viel, selten zusammen. Zur Familie gehört nicht nur die dreißigjährige Tochter Barbara, die heute Kostümbildnerin ist, sondern auch die zwölfjährige Chiara, deren Mutter die französische Schauspielerin Catherine Deneuve ist. Signora Flora ist eine aufmerksame Großmutter für die kleine Chiara und schätzt Catherine sehr. »Auch diese Geschichte ging zu Ende«, sagte Signora Flora wiederum scherzend; sie gab zu verstehen, daß alle Geschichten Marcellos enden werden, immer, eben seiner Trägheit wegen. Auch die Liebesaffäre zu Faye Dunaway endete abrupt, als die amerikanische Schauspielerin von Marcello forderte, er solle sich von seiner Frau Flora scheiden lassen.

»Scheiden?« meint Flora Clarabella, »das ist für Marcello undenkbar; so wie es unsinnig, absurd ist, sich von der eigenen Mutter scheiden zu lassen.«

Ja, Mastroianni und seine angebliche Mutterbindung, ist

das auch so ein in die Welt gesetztes Märchen, wie jenes des feurigen »latin lovers«?

»Ja, auch so ein Märchen«, sagt Mastroianni. »Natürlich liebe ich meine Mutter, wie wohl die meisten Menschen. Aber es stimmt nicht, daß ich eine besonders positive Bindung zu ihr hatte. Wahr ist vielmehr, daß, wenn ich sie besuchte, sie bereits nach drei Minuten nervös wurde und ich mich schnell wieder von ihr verabschiedete ... Ja, die Nabelschnur ist schwer zu durchtrennen, doch diese Nabelschnur besteht aus Konflikten; die Beziehung ist ähnlich wie zu einer Geliebten ...«

»Einer Geliebten?«

»Ja, eine Geliebte ist doch aufreizend – irritante – verstehen Sie?«

»Nein, das verstehe ich nicht.«

»Mit einer Geliebten diskutiert man doch, man setzt sich mit ihr auseinander, das ist aufreizend. Mit einer Freundin ist das anders. Eine Mutter ist aber schwerlich eine Freundin ihres Sohnes. Wäre die Mutter wirklich eine Freundin, könnte sie uns vielleicht im Leben helfen, Probleme zu lösen und Krisen zu überwinden.« Freundschaft ist für Mastroianni äußerst wichtig; er vermißte sie sehr bei seiner Mutter und fand sie bei seiner Frau. »Aber die Mütter der Männer meiner Generation wollen Probleme und Krisen bei den Söhnen nie sehen; es hieße zugeben, daß sie erwachsen geworden sind. So erkundigte sich meine Mutter stets, ob ich das Wollhemd trage oder ob ich an den Nägeln kaue – ich spreche natürlich von Müttern, wie ich eine hatte, von den einfacheren ... denn – ja, heute hat sich in diesem Zusammenhang vieles geändert ...«

»Gewiß, besonders dank den Frauen und des großen Wandels, der sich in der italienischen Gesellschaft vollzogen hat.«

»Ja, sicher. Meine Mutter hat mir nie geholfen während meiner Krisen; sie wollte sich nur meine Sorgen aufbürden, das ist etwas ganz anderes. Ich will Ihnen eine Geschichte erzählen: Als ich von meiner damaligen Geliebten, Catherine Deneuve, das Kind erwartete – es ist auch schon zwölf Jahre her, ich war 48 Jahre alt –, da ging ich zu meiner Mutter und wollte mit ihr darüber reden. Kaum stand ich vor ihr, da ging es wieder los: Marcello, ißt du auch genug? Du bist so blaß. Und das Wollhemd, trägst du es auch? Und die Nägel? Zeig einmal her, usw. usw. Es wollte kein Ende nehmen; da gab ich mir einen Ruck und sagte: Mamma, ich muß dir etwas sagen; und erzählte ihr die Geschichte mit dem Kind, sie hätte es ja doch früher oder später aus den Zeitungen erfahren. Die Reaktion meiner Mutter war bezeichnend; sie sagte nur: In deinem Alter? Nie hat sie mich gefragt: Bist du glücklich? Bist du froh? Sehen Sie denn nicht, wie falsch eine solche Beziehung ist?«

»Natürlich sehe ich das; aber man kann das alles nicht verallgemeinern; heute gibt es ganz andere Mütter...«

»Ja, falls man mit dem Feminismus nicht übertreibt, bin ich ja auch gar nicht gegen den Wandel, der in Italien eingetreten ist. Ich folge sogar mit Neugier dieser Entwicklung. Übrigens kann eine Frau, die vom Mann unabhängig und selbständig ist, sogar raffinierter sein als eine Geisha. Denn eine Geisha wirkt auf die Dauer langweilig, glauben Sie mir...«

»Ich zweifle nicht daran ... Glauben Sie Ihrerseits nicht,

daß Männer viel dazugewinnen, wenn die Frauen nicht mehr nur im Schatten der Männer stehen, in Anbetung zu ihnen leben, wenn sie nicht mehr mit List zu erreichen versuchen, was ihnen von Rechts wegen zusteht?«

»Mag sein. Übrigens habe ich zwei Töchter; also bin ich auch froh, wenn eine Italienerin eine neue Stellung einnimmt, die ihr Würde verleiht.«

Zu Italien hat Marcello Mastroianni eine starke Bindung; Italien als »Heimat« verstanden, nicht als »Vaterland«.

»Ich liebe Italien«, sagt er, »obschon ich keineswegs nationalistisch bin. Die Fahnen, die Uniformen, die Grenzen, das alles geht mir auf die Nerven ... Nein, ich liebe Italien seiner Natur, seiner Landschaft und seines Volkes wegen. Die Italiener haben ›una bella natura‹, ein schönes Naturell. Sie sind geborene Lebensphilosophen; ›tiriamo avanti‹, sagen sie in jeder Notsituation; ›nur vorwärts – Hauptsache, wir überleben‹ ...«

»Und was für Pläne haben Sie für die Zukunft, Marcello Mastroianni?«

»Pläne? Ich schmiede nie Pläne. Programmiert man etwa die Liebe?«

August 1984

Silvio Berlusconi*

RUDOLF BLUM: *Wie empfinden Sie die politische Lage in Ihrem Land unter Silvio Berlusconi? Als spannend oder extrem gefährlich?*

FRANCA MAGNANI: Man sollte nicht übertreiben. Was sich in Italien heute abspielt, ist weder Faschismus noch Diktatur. Aber für die Bürger ist Wachsamkeit geboten. Denn auf dem politischen Boden, der nach den Parlamentswahlen entstanden ist, könnte alles wachsen. Berlusconi ist kein Faschist, sondern ein Populist von rechts. Wie sehr die Bürger wachsam sein müssen, zeigt das Gesetzesdekret über die Untersuchungshaft, das Berlusconis Justizminister Biondi eingebracht hat. Dieses Dekret versucht de facto, die Aktion der Mailänder Untersuchungsrichter, »Mani pulite«, welches mutig die moralische Erneuerung des Landes gegen die landesweite Korruption gestartet hat, zu stoppen. Viele, darunter auch Geständige, in »Tangentopoli« verwickelte Personen sind aus den Gefängnissen entlassen worden. Aus Protest haben die vier Richter von »Mani pulite«, darunter der populär gewordene Di Pietro, Rücktrittsgesuche eingereicht. Selbst Regierungspartner, wie Innenminister Moroni (Lega), haben gegen das Dekret rebelliert. Weite Teile der Bevölkerung und der Presse (nicht nur der linken) werten dieses Gesetzesdekret, das sofort in Kraft tritt, als Anschlag gegen ein Prinzip der Demokratie: die Gewaltentrennung.

---

* Erscheint zum ersten Mal in Buchform.

Ein Konflikt der Institutionen bahnt sich an. Das »Popo-lino« aber hat für das Dekret bereits einen Namen: »Forza ladri«.

Sehen Sie die Medienfreiheit in Italien bedroht oder ist das Gerangel um die Televisione italiana (RAI) ein vorüberge-hendes Gewitter?

Die Pressefreiheit könnte bedroht werden. Bei der RAI ist der Verwaltungsrat zurückgetreten, weil die Regierung Ein-wände gegen die Programmplanung hatte. Nach Meinung vieler Beobachter waren diese Einwände nur ein Vorwand. Jetzt steht die RAI tatsächlich an einer Wende.

Wie hat sich das Verhältnis von RAI und Staatsmacht verän-dert?

Vor der Reform dieses Staatssenders im Jahre 1975 unter-stand er der Regierung. Mit der Reform kam die RAI unter die Kontrolle des Parlaments, wurde aber zunehmend den Parteien unterworfen. Es spielte sich ein stillschweigender, aber strenger Parteienproporz ein, an dem sich erstmals auch die ehemalige kommunistische Partei beteiligte. Heute nun droht die Gefahr, daß Italien in die Situation vor 1975 zurückfällt und RAI wieder von der Regierung gesteuert wird. Das ist für eine Demokratie unvorstellbar und unan-nehmbar. Erschwerend kommt hinzu, daß erstmals ein Regierungschef, Berlusconi, gleichzeitig Eigentümer von drei privaten Fernsehkanälen ist. Die Vermutung liegt nahe, daß sich der Ministerpräsident auch noch die Kontrolle über die drei staatlichen Fernsehprogramme sichern will.

Wie beurteilen Sie Berlusconis Medienpolitik?

Ich halte sie für undurchsichtig. Berlusconi sagte oft den Satz »Sie sollen mich mal regieren lassen«. Da bin ich hellhörig geworden. Opposition und Presse sollten eine Regierung nie einfach »regieren lassen«, sondern an ihren Fersen lauern, damit nichts Undemokratisches erfolgt. Um so mehr beunruhigt mich und viele Bürger, daß Berlusconi den Interessenkonflikt – Regierungschef und Medienbesitzer zugleich – nicht behoben, statt dessen aber unverzüglich eine neue Führung von RAI realisiert hat. Ein großer Teil der italienischen Presse schrieb von einem »colpo di mano«, einem Handstreich auf das öffentlich-rechtliche Fernsehen RAI.

Nimmt die Entwicklung in Italien etwas vorweg, das sich in anderen europäischen Staaten und in den USA erst abzeichnet: die Verfilzung von Medieninteressen und staatlicher Macht?

Daß ein Regierungschef drei Fernsehkanäle besitzt, gibt es in keiner anderen westlichen Demokratie. Berlusconi hat offenbar keine politische Sensibilität. Das ist beunruhigend.

Gibt es noch das »gute Italien«, wie es einst ein Sandro Pertini verkörperte?

Wie in allen Ländern. Man darf auch nicht vergessen, daß rund die Hälfte der Italiener nicht Berlusconi gewählt hat. Zum »guten Italien« würde ich viele Richter und Polizisten zählen, die in der Erfüllung ihrer Pflicht täglich das Leben riskieren. Ferner die Millionen von Bürgern, die hart arbeiten und ihre Steuern pflichtgemäß zahlen – und sei es auch nur, weil sie ihnen direkt vom Gehalt abgezogen werden.

Sie sind in der Schweiz aufgewachsen. Was ist für Sie heute das Hauptmerkmal unseres Landes?

Daß die Mehrheit der Bürger nicht europäisch denkt. Ich bin sehr betrübt darüber, zumal ich ja selbst auch Schweizerin bin.

Eine verhängnisvolle Entwicklung?

Nein, aber man sollte sie mit großem Ernst verfolgen und achtgeben, daß man diesen Zug nicht verpaßt.

Sie wurden 1987 als Rom-Korrespondentin vom Bayerischen Rundfunk hinausgeworfen, reichten Klage ein und stehen seither quasi unter Berufsverbot. Sind Sie durch die juristische Fehde mit dem Münchner Sender ein weiblicher Kohlhaas geworden?

Zum Michael Kohlhaas eigne ich mich nicht: Ich bin hartnäckig, nicht fanatisch. Vielmehr hatte jene Entlassung etwas mit Informationsfreiheit zu tun. Als Journalistin konnte ich nicht anders handeln, als diese Freiheit zu verteidigen und gleichzeitig meinen Arbeitsplatz zu schützen – aber heiteren Gemüts. Ich stand insofern nicht unter Berufsverbot, als ich für andere ARD-Sender nach der Entlassung gearbeitet habe. Für den Bayerischen Rundfunk allerdings nicht mehr.

Ist der juristische »Fall Magnani« inzwischen erledigt?

Nicht ganz. Diese Geschichte dauert seit 14 Jahren. Dafür ist aber nicht der Bayerische Rundfunk verantwortlich, sondern die Langwierigkeit der italienischen Justiz.

Wie haben Sie die lange Zeit überstanden, in der Sie in den Zeitungsschlagzeilen immer als »Fall Magnani« auftauchten, aber als Journalistin kaum mehr präsent waren?

Das tat mir leid. Ich möchte als Journalistin arbeiten und nicht über meinen »Fall« sprechen. Jedoch hatte ich damals, auch aufgrund meiner Erziehung, keine andere Wahl. Aber gearbeitet habe ich auch in der Zeit nach meiner fristlosen Entlassung: etwas weniger allerdings, was ich bedauere.

Sie haben den Aufstieg und den Fall zweier ideologische Systeme erlebt, den Faschismus und den Kommunismus. Woran soll ein junger Mensch heute noch glauben?

Ob gestern, heute oder morgen: an das, was ihm sein Gewissen sagt. Die Ideologien sind gefallen, die Ideale nicht: Freiheit und Gerechtigkeit z. B. Es gibt übrigens auch rechtsstehende Jugendliche, die ebenso guten Glaubens sind wie die »Linken«.

Sie sind eine außerordentlich emanzipierte Frau ...
nein, nein – ohne »außerordentlich« ...

Gibt es etwas, von dem Sie sich in Ihrem Alter noch emanzipieren möchten?

Nein, weder in der Familie noch im Beruf, noch in der Gesellschaft. Der Emanzipationsbegriff wurde in meiner Jugend noch wenig gebraucht, man sprach eher von der Würde des Menschen. Wenn man übrigens von der Frauenemanzipation spricht, ist das insofern irreführend, als man indirekt voraussetzt, daß der Mann emanzipiert sei. Dem ist aber nicht so.

Sommer 1994

Interview: Rudolf Blum, »Tele«-Redaktion – Zürich.

EMANZIPATION
AUF ITALIENISCH

Der zehnjährige Kampf Lina Merlins

IM JANUAR DIESES JAHRES hat das italienische Parlament die Schließung der bis heute staatlich genehmigten Bordelle gutgeheißen. Der zehnjährige Kampf der sozialistischen Senatorin Lina Merlin um die Aufhebung der geregelten Prostitution geht damit erfolgreich zu Ende. Senatorin Merlin wurde wohl von allen Parteien, mit Ausnahme der extremen Rechten, in ihrem Kampfe theoretisch unterstützt; die Stimmen derjenigen jedoch, die im Falle einer Annahme des Gesetzes ein Zunehmen der Geschlechtskrankheiten und einen Zuwachs der »schwarzen« Prostitution voraussagten, waren unzählig. Ein Beweis für den passiven Widerstand, den man dem »Gesetz Merlin« (legge Merlin) – wie es allgemein genannt wird – entgegenstellte, ergibt sich aus der Tatsache, daß es ganze zehn Jahre brauchte, bis Senat und Parlament endgültig über das heikle Thema abstimmten und zur Schließung dieser im Volksmund ironischerweise »case chiuse« genannten Häuser schritten. Der Begriff »case chiuse« – geschlossene Häuser – stammt aus dem Jahr 1888, als der damalige Ministerpräsident Francesco Crispi anordnete, die Türen, die zu den Bordellen führten, zu schließen und die Fensterläden zuzunageln. Daß die durch Francesco Crispi getroffene Maßnahme eine gewisse Berechtigung hatte, wird verständlich, wenn man bedenkt, daß zur Zeit des päpstlichen Roms die Stadt bei einer Einwohnerzahl von rund 170.000 Seelen 600 Bordelle zählte.

Viele neigen dazu, in Signora Merlin einen verbitterten Blaustrumpf zu sehen und ahnen nicht, wie sehr die Persönlichkeit dieser Frau von dieser Vorstellung abweicht. Sie ist eine höchst sympathische, offenherzige Frau von über 50 Jahren und ist seit langer Zeit verwitwet. Ihr weißes Haar und ihre energische, doch gütige Haltung verleihen ihr etwas Mütterliches; und wenn man scherzend darauf hinweist, daß ihre Gegner sie gerne zu einer Art »Männerhasserin« abstempeln möchten, lacht sie hell auf und erinnert daran, daß auch sie einmal jung und hübsch war. »Es freute mich, wenn die Männer dies bemerkten!« Ihre Liebe zum Menschen schlechthin und ihr Gefühl für Gerechtigkeit sind wohl ihre besonderen Merkmale; ihrer ausgesprochenen Hartnäckigkeit jedoch verdankt sie den erfolgreichen Ausgang ihres so tapfer geführten Kampfes.

Ob der vieldiskutierte Antrag angenommen worden wäre, wenn nicht Senat und Parlament darüber zu entscheiden gehabt hätten, sondern durch ein Referendum das Volk direkt befragt worden wäre, ist höchst fraglich. Der von politisch linksstehender Seite erhobene Vorwurf, die Schließung der Bordelle treffe die Minderbemittelten mehr als die Reichen, ist nicht aus der Luft gegriffen. Dies ist übrigens der Einwand, den der sogenannte »Mann von der Straße« am häufigsten gegen das »Gesetz Merlins« erhebt. Solange die »case chiuse« bewilligt waren, unterstanden sie auch einer strikten Preiskontrolle, was bei einer »schwarzen« Prostitution nicht mehr der Fall sein wird. Doch Lina Merlin ließ sich durch diesen von ihren eigenen Parteikollegen erhobenen Vorwurf nicht ablenken. Ihr ging und geht es um den menschlichen Aspekt des Problems: um die Ausbeutung eines Menschen. Seit 1948 sind Frau Merlin unzählige Briefe von Prostituierten übergeben worden; mit vielen anderen hat sie persönlich Fühlung genommen, um einen der Realität entsprechenden Begriff von der Lage zu bekommen. Frau Merlin hat alle diese Briefe gesammelt und zum Teil in einem Bändchen herausgegeben, das den Titel trägt: »lettere dalle case chiuse«. Und was da an menschlichen Qualen, an Elend, an Kummer und an Ausbeutung übelster Art zum Vorschein kommt, das läßt sich weder beschreiben noch annähernd schildern. Und da versteht man auch, was Lina Merlin mit ihrem Kampfe sagen wollte: Daß es solche Tragödien mehr oder weniger in jedem Lande gibt – das ist leider möglich; daß man aber diese Zustände duldet, daß es Länder gibt, die diese Ausbeutung amtlich bewilligen, das ist für einen modernen und zivilisierten Staat unzulässig, beschämend und entwürdigend. Ein Verbot gegen die geregelte Prostitution in Italien wurde um so dringlicher, wenn man bedenkt, daß sämtliche Länder Europas ein dementsprechendes Gesetz längst erlassen haben: 1876 Großbritannien, 1890 Norwegen, 1901 Dänemark, 1907 Finnland, 1918 Rußland usw.

Wohl ist das Problem der Prostitution mit der Schließung der Bordelle nicht gelöst; Lina Merlin weiß das. Jetzt geht es darum, diesen Frauen, die man allgemein als »offizielle Berufsprostituierte« bezeichnet, eine Arbeitsmöglichkeit zu verschaffen, was in einem Lande mit über zwei Millionen Arbeitslosen kein leichtes ist. Signora Merlin hat viele persönlich kennengelernt; keine, die sich bei ihr anmeldete, wurde abgewiesen. Sie weiß auch, daß wenige von all diesen eine innere Ausgeglichenheit besitzen und daß beinahe alle eine Übergangsphase benötigen, um sich wieder im normalen Leben zurechtzufinden. Deshalb arbeitet Lina Merlin tapfer weiter, um auch dieses zweite, weitaus größere Problem – die Eingliederung dieser Frauen in die Gesellschaft – zu lösen. Laut Gesetz werden nun innerhalb eines halben Jahres sämtliche Lokale, die einer »casa chiusa« gehörten, geräumt werden müssen. Seit 1888 werden erstmals die Fensterläden weit geöffnet werden, und die Sonne wird nach 70 Jahren ihre Strahlen in die dunklen Zimmer werfen.

April 1958

Frauen erwachen

BIS VOR KURZEM NOCH SPRACH MAN allgemein von der rückständigen Italienerin. Doch die Volksabstimmung vom Mai 1974, in der sich die Italiener für die Einführung des Ehescheidungsgesetzes aussprachen, bedeutete die Wende. Die Italienerin wurde sozusagen neu entdeckt und neu bewertet. Denn der Sieg der Scheidungsbefürworter war – wie sich herausstellte – in wesentlichem, wenn nicht entscheidendem Maße den Frauen zuzuschreiben. Gewiß besteht zwischen dem Norden und dem Süden ein gewaltiger Unterschied. Die Kirche hat im Süden mehr Macht, im Süden ist die Frau weniger in den Arbeitsprozeß eingegliedert, hängt also ökonomisch noch vom Mann ab, womit jede Freiheit und Unabhängigkeit zur Theorie und zu einem akademischen Gespräch wird. Dennoch – die Scheidungsabstimmung war ein deutliches Zeichen dafür, daß sich in Italien die Welt der Frauen in Bewegung gesetzt hatte.

19 Millionen Italiener stehen im Arbeitsprozeß, fünf Millionen davon sind Frauen. Die Beschäftigungsquote geht allerdings zurück; nicht nur infolge der allgemeinen Wirtschaftskrise und Arbeitslosigkeit, sondern hauptsächlich deshalb, weil in Italien soziale Einrichtungen fehlen und somit die berufstätige Frau nicht weiß, wo sie ihre Kinder unterbringen soll während ihrer Arbeitszeit. Gäbe es die Großmütter nicht – eine wahre Institution in Italien, eine unentbehrliche –, so könnte manche Feministin nicht einmal auf die Straße gehen und für ihre Rechte demonstrieren!

Im italienischen Parlament sitzen mehr Frauen als in manch anderen Ländern der EG; jeder zwölfte Abgeordnete im Parlament ist eine Frau. 4000 Gemeinderätinnen gibt es in Italien, bei insgesamt rund 10.000. Eine Frau leitet das schwierige Arbeitsministerium.

Mit dem neuen Familienrecht, das vergangenes Jahr nach zwölfjährigen Beratungen im Parlament verabschiedet worden ist, erhalten Mann und Frau mit der Eheschließung gleiche Rechte und gleiche Pflichten. Beide bestimmen den Wohnort gemäß den jeweiligen Interessen. Sie können auch getrennt leben. Die väterliche Gewalt über die Kinder hat ein Ende genommen, Kinder bis zu 18 Jahren sind nun der elterlichen Gewalt unterstellt, nicht mehr nur der väterlichen. Die Frau behält ihren Familiennamen auch, wenn sie heiratet; sie kann denjenigen des Mannes hinzufügen. Damit wird endlich die Würde der Frau rechtlich anerkannt.

Nun hat Arbeitsministerin Tina Anselmi dem Ministerrat einen Gesetzentwurf vorgelegt, der demnächst im Parlament zur Debatte stehen wird; ein Gesetzentwurf über die Neuregelung der Frauenbeschäftigung. Der Benachteiligung der Frau im Arbeitsbereich wird damit endgültig ein Ende gesetzt. »Gleicher Lohn für gleiche Arbeit« wird nun konkret eingeführt. Den Frauen garantiert das neue Gesetz die gleichen beruflichen Aufstiegschancen wie den Männern, auch wenn sie Familie haben; alle Berufe stehen den Frauen offen. Ferner wird der Frau das Recht eingeräumt weiterzuarbeiten, auch wenn sie ihr Pensionsalter – in Italien 55 Jahre – bereits erreicht hat.

Vielleicht ist der Tatsache nicht genügend Beachtung

geschenkt worden, daß auch im religiösen Bereich die Frauenwelt in Bewegung geraten ist. In den katholischen Frauenorden ist eine gewisse Gärung nicht zu übersehen; auch dort nimmt man die untergeordnete Stellung nicht mehr so ganz stillschweigend hin. Viele Ordensschwestern scheinen der heutigen, sich rapid wandelnden Gesellschaft gegenüber offener zu sein als viele ihrer männlichen Kollegen. Während diese Männer weiter akademische Diskussionen über Dogmen führen, stehen die Ordensschwestern mehr im praktischen Leben. Häufig hat es den Anschein, als könne die Gesellschaft gut und gerne die Ordensmänner entbehren – die Ordensfrauen wohl kaum.

Die Wandlung der Italienerin ist nicht plötzlich erfolgt; der tiefgreifende sozialökonomische Wandel innerhalb der italienischen Gesellschaft in den letzten dreißig Jahren brachte auch eine Veränderung der traditionellen italienischen Familie mit sich. Die Berufstätigkeit vieler Frauen hat die Frauen sozusagen befreit, emanzipiert. Die neuen Gesetze mußten sich dieser neuen Realität anpassen. Die Arbeit, der Beruf – das gab den Anstoß zum Wandel. Vielleicht sehen es deswegen immer noch viele Italiener nicht gerne, daß ihre Frauen arbeiten gehen.

Viele Italienerinnen wollen nicht mehr wie bisher als Huren verachtet oder als Madonnen angebetet werden, sondern einfach Frauen sein. Diese Definition, »weder Huren noch Madonnen«, rüttelt heftig an den Fundamenten des Geschlechterverhältnisses in diesem Land. Die Italienerin trachtet heute danach, gleichwertige Partnerin zu werden und sämtliche damit verbundene Rechte und Pflichten zu übernehmen. Ob dies die italienischen Männer verkraften werden – das bleibt allerdings höchst fraglich.

4. 1. 1977

Am Ende der Geduld*
Frauen kämpfen um volles Recht auf Arbeit

IN ITALIEN SIND die Gewerkschaften eine Macht – auch eine politische Macht. Es wird viel gestreikt – zu viel. Aber die großen sozialen Errungenschaften der Nachkriegszeit, die auf parlamentarischen Gesetzen beruhen, konnten nur durch den Einfluß und unter dem Druck der Gewerkschaften erlangt werden – der kommunistisch-sozialistisch wie auch der christlich-demokratisch gefärbten.

Zwei Gesetze haben die rechtliche Stellung der Frau in Italien grundlegend verändert: das Familienrecht von 1975 und das Antidiskriminierungsgesetz von 1977 – la legge sulla paritá – das Gleichstellungsgesetz, wie es die Italiener nennen. Zusammen mit dem Arbeitsrecht gehören sie zu den fortschrittlichsten Europas.

Aber zwischen der Legalität und der tatsächlichen Lage liegt ein tiefer Graben. Ein Viertel der italienischen Wirtschaft beruht auf Schwarzarbeit: ein wahrer Dschungel, in dem weder die Gewerkschaften noch die staatlichen Kontrollstellen durchblicken.

Ein großer Teil der Schwarzarbeit besteht aus Heimarbeit – die Frau ist hier die wirklich Ausgebeutete.

Anders die Lage in den Großbetrieben, wie beispielsweise bei Fiat in der Nähe von Palermo.

Das Antidiskriminierungsgesetz hat Frauen andere Arbeitsmöglichkeiten als die traditionell weiblichen geöffnet. Denn

---

* Erscheint zum ersten Mal in Buchform.

die unmittelbare Auswirkung des Gesetzes war die Abschaffung der bisher getrennten Listen für offene Arbeitsplätze. Kein Unternehmen – privater oder öffentlicher Art – darf mehr einen Unterschied machen, zwischen Mann und Frau, bei einer Bewerbung in ein- und derselben Berufssparte.

Gina, 28 Jahre alt, Mutter von zwei Kindern, bewarb sich als erste sizilianische Metallarbeiterin, kurz vor dem Antidiskriminierungsgesetz. Das Unternehmen lehnte Gina zunächst ab, gestützt auf das Frauenschutzgesetz, das schwere Arbeit für Frauen verbot. – Frauenschutz als Alibi für Frauendiskriminierung? Gina wandte sich an die Gewerkschaften, die ihr rieten, die Firma zu verklagen. Der Amtsrichter gab ihr in erster Instanz recht und Gina gelang der Durchbruch in eine vorwiegend männliche Arbeitswelt.

Leider wollte sich die Firmenleitung dazu nicht äußern – wir baten vergebens darum.

Von den rund 3000 Betriebsangehörigen sind nur 28 Frauen – knapp 1 Prozent. Von 1964 an ist in Italien die Beschäftigung der Frau von 26 Prozent auf 18 Prozent zurückgegangen. Mangelnde Qualifikation, mangelnde Sozialdienste und Wirtschaftskrise sind die Hauptfaktoren, die zur Verdrängung der Frau auf dem Arbeitsmarkt führten.

Aber die neuen Gesetze und die Frauenbewegung beginnen hier die althergebrachten Vorstellungen der Frau zu verändern. Auch in Sizilien ist sie nicht mehr nur ein »Engel des Herdes« oder Beute fragwürdiger Männer.

Trotz den Ansätzen einer Wirtschaftsentwicklung bleiben Grundplagen des Südens weiterhin bestehen: Arbeitslosigkeit und Auswanderung.

Zum einen, weil die Wirtschaftsentwicklung mangelhaft

ist, zum anderen, weil die wenigen Industrien, schlagartig, in armen landwirtschaftlichen Gebieten entstanden sind und dadurch neue Probleme geschaffen haben.

Die Menschen haben das Land verlassen, aber in den Städten gibt es nicht genügend Arbeitsplätze. Doch der Wandel hat seine Spuren hinterlassen, besonders bei den jüngeren Frauen.

Viele haben ein bisher unbekanntes Bewußtsein erworben. Im Süden versucht man die Frauen mit allen Mitteln zu diskriminieren, denn hier gibt es weniger Arbeitsplätze, und man neigt dazu, diese zuerst den Männern zu geben.

Viele Frauen sind sich ihrer Rechte bewußt geworden. Italien ist – auf dem Papier – eines der frauengerechtesten Länder. Die Gleichheit erstreckt sich – rechtlich – nicht nur über Aufstiegschancen und Lohngleichheit – diese ist übrigens in Italien weitgehend beachtet – sondern sogar über die Kinderbetreuung.

Den Vätern wird das Recht zugestanden, nach der Geburt eines Kindes, an Stelle der Mutter, sechs Monate zu Hause zu bleiben. Dasselbe gilt für den Fall, daß das Kind krank wird (bis zum dritten Lebensjahr).

In Italien kämpfen die Frauen nicht nur in der Frauenbewegung um ihre Arbeitsrechte, sondern in den Gewerkschaften, Schulter an Schulter mit ihren männlichen Kollegen. Es geht ihnen darum, ein Unrecht abzuschaffen, das auf allen Gebieten – in der Familie, im Betrieb, in der Schule – die Lebensqualität mindert und die Würde der Frau verletzt.

Die Geduld der Frauen ist am Ende.

1979

Die italienische Familie*

SEIT DER 68ER-PROTESTWELLE ist die Institution der Familie in Italien zu einem beliebten Diskussionsthema geworden. Die jüngeren Generationen stellten ihre bisherigen Werte in Frage. Viele vermuteten, daß die Emanzipationsbestrebungen der Frauen, die Einführung des Ehescheidungsrechts sowie die Liberalisierung der Abtreibung die Familie in Italien in ihren Grundfesten erschüttern würden. Doch »la famiglia« hielt stand – allen Angriffen zum Trotz. Heute wird sogar ihre Bedeutung innerhalb der Gesellschaft von den Fachleuten neu entdeckt und neu bewertet.

Die Familie Cioffi ist eine der zahlreichen süditalienischen Familien, die sich allabendlich, nach der Arbeit, zusammenfinden. In italienischen Familien wird viel geredet. Selbst das Fernsehen konnte die Kommunikationsfreude der Italiener nicht auslöschen. Um den Tisch, in der engen Küche, versammeln sich nicht nur die ursprünglichen Familienmitglieder: Vater, Mutter, zwei Söhne und zwei Töchter, sondern auch der Mann der bereits verheirateten ältesten Tochter – Sergio, der eineinhalbjährige Enkel und der Verlobte der jüngsten Tochter.

Um das alte Landhaus am Fuße des Vesuvs, an der südlichen Peripherie von Neapel, besitzt die Familie Cioffi rund 1.000 Quadratmeter Land. Der Vater, heute sechzig Jahre alt,

---

* Erscheint zum ersten Mal in Buchform.

war zunächst Landarbeiter. Im Laufe seines Lebens konnte er das Land erwerben. Aber Arbeitskräfte kann sich Vater Cioffi nicht leisten. Alle Familienangehörigen arbeiten mit auf dem Feld, auch wenn jeder der Söhne und Töchter einen eigenen Beruf hat. Sergio, der Schwiegersohn, ist Vertreter. Er handelt mit Schuhen. Wenn er Zeit hat, so geht auch er auf das Feld. Die »Terra Vesuviana« ist eine besonders fruchtbare Erde, ein gesegnetes Land, sagt uns der Vater und fügt nachdenklich hinzu: »was die Natur betrifft ...«. Die Mutter – Maria – ist, wie im Leben eines jeden Italieners, die Zentralfigur der Familie. »Die Mamma ist die Sonne des Hauses«, sagt Vater Cioffi. »Wo die Mutter fehlt, da ist es dunkel, sie ist das Licht und die Wärme ...«

In der Familie werde einem das Lieben beigebracht, wenn man es da nicht lerne, so lerne man es nie mehr im Leben – sagen hier die Leute. Doch die Bedeutung, die die Familie innerhalb der italienischen Gesellschaft einnimmt, hat auch einen realistischen Aspekt. Die Zusammengehörigkeit ist oft ein Mittel, den mangelnden Schutz des Staates seinen Bürgern gegenüber zu kompensieren.

Im Gymnasium von Portici, bei Neapel, unterrichtet Antonio, der älteste Sohn der Familie Cioffi. Er verdient genug, um alleine wohnen zu können; vorläufig denkt er jedoch nicht daran. Antonio ist oft im Ausland gewesen und hat bemerkt, daß in vielen nordeuropäischen Ländern der Staat gut für seine Bürger sorgt. Aber – so sagt er uns – dort, wo alles zu funktionieren scheint, da funktioniert die Familie nicht oder nur mangelhaft. Die jungen Leute verlassen dort ihre Eltern früher als in Italien, und das oft ohne Grund. Es sei, als ob man sich dort, wo alles im Staat stimme, weniger lieben würde.

Im städtischen Kindergarten von Portici arbeitet Serafina, die verheiratete Tochter der Familie Cioffi, als Kindergärtnerin. Sie kann ohne Probleme arbeiten, denn sie braucht sich nicht um ihren kleinen Sohn zu sorgen, er ist wohlbehütet bei der Großmutter. Am alten Haus der Familie Cioffi sind einfach zwei Räume angebaut worden, als Serafina und Sergio heirateten. Da wohnen sie nun mit ihrem Sohn. Vermutlich werden zwei weitere Räume angebaut, wenn die anderen Söhne heiraten.

Sergio, der Vertreter, fährt mit seinem kleinen Fiat durch ganz Italien. Schuhe sind es, mit denen er handelt. Handgenähte Schuhe, in einem jener kleinen, illegalen süditalienischen Familienunternehmen hergestellt, die sich jeglicher institutioneller Kontrolle entziehen – sei es von der Gewerkschaft oder vom Finanzamt. Ein Großteil der Süditaliener überlebt dank dieser »Economia sommersa«, dieser »Untergrund«-Wirtschaft. Wichtig ist nur, daß ein Familienmitglied pflichtgemäß angemeldet ist, dann sind alle andern auch sozialversichert.

Der Lehrer Antonio erwähnt immer wieder, was er im Ausland erlebt hat. Dort hat er kaum das gespürt, was er Familiensolidarität nennt. Für Serafina, die Kindergärtnerin, bedeutet die Familie, daß sie sorglos berufstätig sein kann: »Mein Sohn ist in sicheren Händen, bei der Großmutter. Vor

allem wird er geliebt, er ist nie allein.« In keiner Kinder-
krippe könnte unser Sohn so gut versorgt sein, sagt ihr
Mann. Und Serafina pflichtet bei: »Die beste Sozialfürsorge-
rin ersetzt nicht die Liebe der Großmutter.« Und Antonio
erinnert daran: »Dank der Arbeit unserer Eltern konnten
wir alle mit einem Diplom die Schule abschließen.«

Wir fragen Vater Cioffi, warum es ihm so wichtig war, daß
die Kinder ein Diplom erlangen. Cioffi antwortet: »Weil ich
nicht wollte, daß meine Kinder dieselben Opfer bringen
müssen wie wir.«

Welches sind nun die Vorteile bei einem so engen Zusammenleben, möchte man wissen. »Frau und Mann müssen
miteinander auskommen. Das ist das erste Prinzip. Wo kein
Friede herrscht, da fragen sich die Kinder, was sie hier noch
zu suchen haben. Und gehen weg«, sagt Vater Cioffi – eine
sehr indirekte Antwort auf unsere Frage. Sohn Antonio
ergänzt: »Auf alle Fälle hat man in einer Familie wie der uns-
rigen eine psychologische und soziale Stütze Außerdem
sind viele hier im Süden auch gezwungen, miteinander zu
leben; es fehlen Sozialwohnungen, es fehlen Arbeitsplätze
und Sozialstrukturen. Zusammenleben heißt auch, sich
gegenseitig zu stützen und zu helfen.«

Die Familie erfüllt also einen gerade in Süditalien äußerst
unzulänglichen Sozialdienst. Eine Erwägung drängt sich
daher im Zusammenhang mit dem Familiensinn der Italiener auf: Die selbstverständliche Bereitschaft, mit der die
Familienmitglieder füreinander einspringen, nicht zuletzt

um jene Dienste zu ersetzen, die fehlen, diese Bereitschaft ist mit ein Grund, weshalb die vielen Regierungen sich nie ernsthaft gezwungen fühlten, die längst fälligen Sozialreformen auch durchzuführen. Sie blieben oft nur Papier; der nötige Druck von Seiten der Bürger auf die Regierungen hat gefehlt.

Und diese Auffassung von Familie als Selbsthilfe-Institution ist zweifellos ein Grund für das mangelnde Staatsverständnis vieler Italiener. Historisch betrachtet beruht die Selbsthilfe vieler italienischer Familien auf einem traditionellen Mißtrauen gegenüber dem chronisch schwachen Staat. Nicht zuletzt das Entstehen der Mafia muß damit in Zusammenhang gebracht werden. Es ist kein Zufall, daß die Mafia in ihrer ursprünglichen Form in Süditalien entstanden ist, wo der Staat besonders versagt hat. Und Familie ist bekanntlich auch ein Schlüsselwort in der Sprache der Mafia. Mafia ist ein Charakterzug, ein moralischer Code – die Familien überliefern diese Werte den Kindern, man bringt ihnen bei, daß sie in der Familie einander helfen und die gemeinsamen Feinde der Familie bekämpfen müssen, selbst wenn die Familie und ihre Freunde im Unrecht und die Feinde im Recht sind.

Aber Familie ist nicht nur im Denken der Mafia ein vielbedeutendes Wort. Die erfolgreichste Einrichtung in Italien ist »la famiglia« – durch die Jahrhunderte hindurch. Alle Mängel, alle Unzulänglichkeiten, alle sozialen Ungerechtigkeiten des Staates fängt in Italien die Familie auf. Diese allein gewährt den Bürgern jenen Schutz und jene Hilfe in der Not, die Bürger anderer Länder vom Staat erhalten. Auch die schweren ökonomischen Krisen der letzten Jahre sind nicht zuletzt dank der Solidarität der italienischen Familien gemeistert worden. Die »Economia sommersa« – diese Art von Untergrundwirtschaft, die durch Schwarz- und Doppelarbeit Reichtum erzeugt – ist nicht denkbar ohne die typisch italienische Auffassung von Familie.

Der tiefgreifende Wandel, der in Italien in den letzten dreißig Jahren stattfand, der Übergang eines überwiegenden Agrarlandes in einen Industriestaat, hat die Institution der Familie natürlich berührt und verändert. Die patriarchalische Familie gehört auch in Italien der Vergangenheit an. Und natürlich gibt es nicht nur einen Typ von Familie: Zwischen Norden und Süden, zwischen Stadt und Land, zwischen den verschiedenen sozialen Schichten ist der Gegensatz größer als im übrigen Westeuropa. Aber es ist lediglich das Familienmodell, die Familienstruktur, die sich gewandelt hat, nicht die Bedeutung, die die Familie innerhalb der italienischen Gesellschaft einnimmt. So haben die sogenannten Familienbande weder psychologisch an Bedeutung noch politisch an Macht verloren: Andere Länder bestehen aus Bürgern – Italien besteht aus Familien.

1982

Die Stellung der Frau in Italien
und der 8. März 1984[*]

DIE IN ROM WEILENDEN ausländischen Touristen wunderten sich am 8. März sehr, als sie die Stadt vom Gelb der Mimosen beherrscht sahen. Viele Leute – Männer und Frauen – hielten einen kleinen Mimosenzweig in der Hand oder hatten die gelbe Frühlingsblume am Mantelkragen angebracht.

Am frühen Morgen, als ich die Haustür aufschloß, um meine tägliche Zeitung vom Boden aufzuheben, lag auf dem Morgenblatt ein kleiner Mimosenzweig – der Gruß des Zeitungsverkäufers.

Der Bernini-Brunnen auf der Piazza di Spagna, der ein Schiff darstellt, war bereits in den frühen Morgenstunden des 8. März mit Mimosenbüschen gefüllt, bis zum Rand. Wer vom Corso her in die Via Condotti einbog, in die vornehmste Geschäftsstraße Roms, dem bot sich ein herrlicher Anblick: der mit Mimosen gefüllte Brunnen sah von weitem betrachtet so aus, als läge ein riesiger Mimosenstrauß zu Füßen der barocken Spanischen Treppe. Es ist ein Geschenk der Stadtregierung an die römischen Frauen; die Stadtregierung, die sich aus Kommunisten, Sozialisten, Republikanern und Sozialdemokraten zusammensetzt. – Viele Polizistinnen trugen unter der Achselklappe ihrer Uniform einen Mimosenzweig; beim Vorbeigehen riefen sich manche

---

[*] Erscheint zum ersten Mal in Buchform.

Frauen lachend »auguri« zu – das heißt »Viel Glück«; und mancher Mann war darunter, das sollte erwähnt werden, der sich den Glückwünschen an die Frauen anschloß. Im Parlament, dessen Präsident eine Frau ist, waren am 8. März die Arbeitspulte der weiblichen Abgeordneten mit Mimosen geschmückt. – Überall also trug die Stadt das Zeichen der »festa della donna«, des Festes der Frau, wie der 8. März in Italien genannt wird. Ein Fest, dem aber zum Glück noch nicht der Stempel des Kommerziellen oder Konsumistischen aufgesetzt wurde, wie dem Muttertag. Es handelt sich mehr um eine Art inoffizielles Volksfest, an dem sich ein immer größer werdender Teil der Bevölkerung beteiligt. Ein fröhlicher Tag, gewiß, aber auch ein Tag der Besinnung, was das Schicksal und die Zukunft der Frauen angeht. – Der Kardinalvikar von Rom, Poletti, erklärte am 8. März während einer Kundgebung der christlichen Frauenorganisationen ausdrücklich: »Die Frau hat dieselbe Würde wie der Mann, und die Kirche erkennt das an.«

Die Zeitungen aller politischen Couleur widmeten dem Fest der Frau einen Bericht. Es ist also den Italienern vielleicht gelungen, aus dem 8. März, der einst – als Gedenktag – ausschließlich ein Monopol der Kommunisten und Sozialisten war – einen Tag sehr vieler Frauen zu machen. Das katholische Blatt »L' Avvenire«, das kommunistische Parteiorgan »L'unità«, das offizielle sozialistische Blatt »L' Avanti« – alle befaßten sich mit dem Frauentag. Das konservative römische Blatt »Il Tempo« veröffentlichte sogar einen Leitartikel, aus der Feder von Susanna Agnelli, heute Unterstaatssekretärin im Auswärtigen Amt. Sie ist Mitglied der Republikanischen Partei. Mit Recht wies Susanna Agnelli in ihrem Artikel darauf hin, daß jedermann die Soldaten des italienischen Friedenskontingents in Beirut gelobt und gepriesen hat. Bei ihrer Rückkehr im Hafen von Livorno wurden die italienischen Soldaten von einer begeisterten Menschenmenge empfangen; niemand aber erwähnte auch nur mit einem Wort die Frauen, die Krankenschwestern, die mit den italienischen Soldaten in Beirut denselben Gefahren ausgesetzt waren. – »Man« hatte es lediglich vergessen, auch die Frauen des italienischen Friedenskontingents zu erwähnen ...

Am 8. März veranstalteten die Frauen selber zwei Kundgebungen: Vormittags zogen rund 5000 Studentinnen durch die Stadt. Die Sprechchöre dieser Studentinnen trugen noch deutlich die Spuren der alten Haltung. Am Nachmittag bei strömendem Regen durchzog ein zweiter Umzug die Stadt; fast 10.000 Frauen jeden Alters nahmen daran teil. »Die Frauen mit den Frauen schaffen es« – »le donne con le donne possono«, lautete zusammengefaßt die These. Gemeint war: die Frauen alle miteinander, für den Frieden und gegen die Gewalt, jede Gewalt; was sich nicht nur auf den Krieg bezieht, sondern auf den Gesetzesentwurf gegen die sexuelle Gewalt, der seit Jahren im Parlament liegt.

So ist in Rom der 8. März gefeiert worden. Man wurde dabei auch daran erinnert, daß sich Italien auf kaum einem Gebiet – seit Kriegsende – so grundlegend verändert hat, wie in der Frauenwelt. Die Änderung der weiblichen Moral und des Verhaltens der Frau in der Gesellschaft sind auf mehrere Ereignisse zurückzuführen. Das Wesentlichste davon ist, daß Italien – innerhalb weniger Jahrzehnte aus einer vorwiegenden Agrargesellschaft sich zu einem bedeutenden Industrieland verwandelt hat. Italien gehört heute zu den zehn ersten Industrieländern der Welt. Für dieselbe Entwicklung haben andere Länder, wie z. B. Großbritannien, über ein Jahrhundert gebraucht. Die bäuerliche Tradition des Patriarchats starb allmählich aus; Landflucht, Urbanisierung und Auswanderung führten zu einer neuen Lebensweise, von der vor allem die Frauen betroffen waren. Die Frauen begannen berufstätig zu werden. Es war der Anstoß zur Wandlung.

Die Änderung der Sitten und Moral hat sich im Laufe der 70er Jahre auch auf die italienische Gesetzgebung ausgewirkt: Gesetze sind im allgemeinen der Ausdruck von Veränderungen der Sitten und Mentalität, die bereits stattgefunden haben; als die Folge, nicht die Ursache. Zwei Gesetze namentlich haben die Rechtsstellung der Frau von Grund auf verändert: das neue Familienrecht (September 1975), das den bisher gültigen Begriff der »väterlichen Gewalt« oder des Familienoberhaupts abschaffte, und das Antidiskriminierungsgesetz (November 1977), das Frauen und Männer im Rahmen der Arbeit in jeder Hinsicht gleichstellt. Die weitgehende Liberalisierung der Abtreibung und die Einführung des Ehescheidungsrechts (1974) erlaubten es den Frauen, eine bisher unbekannte Freiheit und Würde zu erlangen. Der Wandel gesellschaftlicher Normen in Italien ist zum größten Teil ein Werk der Frauenbewegung, der Feministinnen und der Gewerkschaften. Die Frau hat aufgeholt in Italien; der Graben, der sie von ihren westeuropäischen Mitschwestern bis vor 20 Jahren trennte, ist – in der Theorie – aufgefüllt worden. Rapid und stürmisch ging der

Übergang vom Alten zum Neuen in der Frauenwelt vor sich. – Aber den Errungenschaften, den gesetzlichen, in der Welt der Frauen, entsprachen keine ebenso relevanten sozialen und politischen Erneuerungen, auch wenn auf diesen Gebieten bestimmte Änderungen erfolgten, die nicht zu unterschätzen sind. Es sei hier nur das Arbeiterstatut erwähnt, eine Charta, welche die Beziehung des Arbeitnehmers zum Arbeitgeber regelt, und die zu den fortschrittlichsten der Welt gehört. Aber der Graben zwischen der Legalität und der Realität Italiens ist immer noch tief.

Es drängt sich nun die Frage auf: Was ist aus der damaligen Frauenbewegung, aus den Feministinnen geworden, die in Italien die Welt der Frauen mit in Bewegung gebracht haben? – Vereinfacht ausgedrückt: Es gibt Anzeichen dafür, daß die Frauenbewegung nach einem Scheintod langsam wieder aufersteht. Sie tritt heute anders auf, als sie es in den heißen 70er Jahren tat, aber sie ist in der italienischen Szene wieder präsent. Nicht mehr als Frauenbewegung, sondern vielmehr als eine Bewegung der Frauen. Es scheint, als würde jene Bewegung, die als die wichtigste soziale Bewegung des vergangenen Jahrzehntes definiert wurde, in neuen Formen wieder aufwachen. – Weniger stürmisch, selbstsicherer, weniger dogmatisch – der Ausgangspunkt ist ja auch nicht mehr derselbe.

Die Präsenz der Frauen auf allen Kundgebungen am 8. März sind ein Anzeichen dafür. Und auch die Parteien scheinen den Frauen wieder eine viel größere Bedeutung zu schenken, und auch mehr Platz einzuräumen. In allen sozialistischen Parteigremien muß der Prozentsatz der Ämter, die den Frauen vorbehalten sind, dem Prozentsatz der einge-schriebenen weiblichen Parteimitglieder entsprechen. Das bedeutet für die sozialistischen Frauen Italiens 15 Prozent innerhalb der Partei: Im Parlament sitzen aber bloß drei sozialistische Abgeordnete. Die sozialistischen Genossen, erklärte eine der drei Parlamentarierinnen, Elena Marinucci, haben die 15-Prozentklausel hinnehmen müssen, aber sie gewähren nicht einmal einen wichtigen Posten den Frauen im Machtbereich der staatlichen und halbstaatlichen Betriebe und Institute. Die sozialistische Abgeordnete Mari-nucci will auf dem kommenden Parteitag in Verona das Pro-blem ansprechen: Auch die Frauen wollen am Steuer sitzen; d.h. auch in den hohen politischen Ämtern soll die 15-Pro-zentklausel gültig werden.

Seit einigen Monaten ist auch eine »Partei der Frauen« gegründet worden; ihr Ziel: neue Gesetze fordern, vor allem für die Hausfrauen. Elvi Franci, die Vorsitzende dieser neuen Partei erklärte, daß eine Frauenpartei nötig sei, um die Vorschläge zu konkretisieren, die die Frauenbewegung gemacht haben. Diese Vorschläge seien weitgehend von den »Parteien der Männer« verwässert worden. Es sei heute mehr denn je nötig, so die Vorsitzende der neuen Frauenpar-tei, alle Frauen in eine einzige Bewegung zu vereinen, und die soll im Parlament vertreten sein, als politische Kraft.

– Aber auch in der Liberalen, in der Republikanischen und in der Sozialdemokratischen Partei hat eine neue Art Femi-nismus Fuß gefaßt. Untersuchungen über die Doppelbela-stung der Frau, Initiativen, Publizistik, Literaturpreise für Frauen – es sind alles neue Ansätze, die besagen, daß die Frauen wieder aktiv werden. Sogar innerhalb der KPI haben die kommunistischen Frauen erstmals einen Sonderausschuß gefordert, der zu 50 Prozent aus allen Frauen zusammengesetzt sein soll, die im Zentralkomitee sitzen; die restlichen 50 Prozent sollen aus sogenannten »Externen« bestehen. Sollte sich das Vorhaben der kommunistischen Frauen verwirklichen, so würde, de facto, innerhalb der KPI eine »Partei der Frauen« entstehen; was an sich eine noch vor wenigen Jahren unvorstellbare Neuigkeit bedeuten würde.

Zu unterstreichen ist ferner, daß auf Sizilien, in Comiso, wo die Nato-Mittelstreckenraketen stehen werden, die erste pazifistische Frauengruppe entstanden ist. Sie heißt »Ragnatela«, Spinngewebe. Der Name ist kein Zufall und hat mehrere Bedeutungen. Erstens spannen diese Pazifistinnen spinngewebeähnliche Fäden aus Wolle oder Baumwolle um die Tore und Zäune, die zu den amerikanischen Stützpunkten gehören, symbolisch um sie »einzufangen«. Aber »Ragnatela« will auch daran erinnern, daß seit 1978 die Frauenbewegung erlahmt ist, verstaubt, so daß sich darauf ein Spinngewebe bilden konnte. Das Jahr 1978 gilt als das Ende der klassischen Frauenbewegung, wie sie im Zuge der Studentenrevolte von 1968 entstanden war. In jenem Jahr, 1978, wurde im Parlament das Abtreibungsgesetz verabschiedet: der Zusammenstoß verlagert sich von den Plätzen in die Institutionen. Ferner verschloß die Entführung und die Ermordung des christlich-demokratischen Spitzenpolitikers Aldo Moro den Frauen jegliche politische Initiative – die angekündigte Tagung »Gewalt und Terrorismus« scheiterte. Zwei Jahre lang versuchte sich die Frauenbewegung, noch künstlich sozusagen, am Leben zu erhalten; die »collettivi feminili«, die zahlreichen feministischen Gruppen verschwanden nach und nach; die Kundgebungen wurden immer seltener, dann begannen auch die feministischen Zeitschriften einzugehen: »Effe«, »Orsa minore«, »Quotidiano donna«, »Differenze« und weitere mehr.

Im Unterschied zu den außerparlamentarischen linksextremen Gruppen folgte aber auf diese Phase des Rückgangs kein Kampf zwischen einer Gruppe und der anderen; auch kennt man keine sogenannten »Reumütigen«, d. h. enttäuschte Militanten, keine Prominente der Frauenbewegung verleugnete ihrer jüngste Vergangenheit. Viele Feministinnen näherten sich der Psychoanalyse, sei es als Analytikerinnen als auch als Patientinnen; viele wurden berufstätig und steckten die »neuen« an, jene, die die heiße Jahreszeit der Frauenbewegung nicht erlebt hatten. Und so kam es, daß gerade als der Feminismus den Anschein erweckte, tot zu sein, die Bewegung der Frauen – in neuen Formen – langsam die Fäden eines neuen Gewebes zu spinnen begann. Auch da wieder tritt das Symbol der »Ragnatela«, des Spinngewebes auf. – Fest steht, daß keine der damals namhaften Feministinnen schön brav in ihre vier Wände zurückgekehrt ist. Es blühen neue Initiativen – es kommen neue Zeitschriften heraus, wie »Minerva«, ein Monatsblatt, das der sozialistischen Partei nahesteht. Die Prostituierten haben ihre Vereinigung gegründet – sie nennt sich »Lucciola«, Glühwürmchen. Warum Glühwürmchen? Weil die Prostituierten, wie die Glühwürmchen, meistens nachts auftreten. Sie wollen dieselben Zivilrechte haben wie alle anderen Staatsbürger und wollen auch Steuern zahlen. Außerdem werfen sie von ihrem Beruf ausgehend neue Probleme auf im Zusammenhang mit der Gewalt auf und stellen Forderungen.

Auch innerhalb der Gewerkschaften gibt es Anzeichen dafür, daß sich die Frauen untereinander organisieren. In Mailand ist eine Vereinigung entstanden, »Donne nella Carriera«, Frauen in der Karriere; es gehören ihr 80.000 Frauen in leitender Stellung an und weitere 280.000, die zu den sogenannten »mittleren Kadern« zählen.

Die Gesetze, die die Frauen dem Mann gleichstellen, sind vorhanden, jetzt geht es darum, diese immer anzuwenden, sie im täglichen Leben durchzusetzen. Daß die Gefahr der theoretischen und nicht praktischen Gleichberechtigung weiterhin besteht, bestätigen u.a. die Statistiken; in der Kammer sind von 630 Abgeordneten nur 48 Frauen (und von diesen sind 37 Kommunistinnen) und doch gibt es in Italien 1,5 Millionen mehr Frauen als Männer. Es gibt auch immer noch mehr Frauen als Männer, die weder lesen noch schreiben können; 3,3 Prozent der weiblichen Bevölkerung sind Analphabeten; bei den Männern sind es nur 2,2 Prozent. Die Zahl der studierenden Frauen steigt jedoch ständig. 100 Männern, die den Doktortitel erwerben, stehen heute 62 Frauen gegenüber. Die Arbeitslosigkeit trifft die Frauen mehr als die Männer: während 6,6 Prozent Männer auf Arbeitssuche sind, befinden sich 16,2 Prozent der Frauen in derselben Lage. Aber in den letzten zehn Jahren ist die Zahl der berufstätigen Frauen gestiegen: von 29,7 Prozent auf 34,4 Prozent. Die neuesten offiziellen Statistiken bestätigen, daß nach der Geburt der Kinder viele Italienerinnen ihren Beruf aufgeben. Nur 19 Prozent aller berufstätigen Italienerinnen arbeiten weiter bis zum 60. Lebensjahr. Das bedeutet aber, daß die Haupttätigkeit der Frau die Hausarbeit ist. Nicht alle verkraften die Doppelbelastung.

Auch die völlig unzulänglichen oder mangelnden Sozialdienste führen dazu, daß die Werte der Familie wieder neu entdeckt werden. Im Grunde bestand in Italien für die Familien, als Kern der Gesellschaft, nie jene Gefahr, wie sie in anderen westeuropäischen Industrienationen besteht. Das Mißtrauen der Italiener gegenüber dem Staat hat tiefe Wurzeln in den historischen Erfahrungen des Landes; so setzt sich Italien mehr aus Familien als aus Staatsbürgern zusammen, daher auch das viel größere Ansehen, das die »Mamma« innerhalb der Familie genießt. Die Familie, oder besser gesagt die Frau, muß allzuoft für all jene Dienste einspringen, die in anderen Ländern der Staat besorgt: Es sei hier nur kurz auf die katastrophalen Zustände in den Krankenhäusern hingewiesen. Die Einführung der Ehescheidung, die für viele Vertreter des politischen Katholizismus zum Untergang der italienischen Familientradition hätte führen sollen, hat sich als falsch erwiesen. Von 100 in einem Jahr geschlossenen Ehen werden jährlich nur 4,5 geschieden (in der Bundesrepublik sind es 30; in Dänemark sind es 45).

Im Zusammenhang mit der neuen Stellung der Frau innerhalb der italienischen Gesellschaft muß noch auf einen wichtigen Punkt hingewiesen werden: auf die neu entstandene Beziehung zwischen Frau und Mann.

Durch den Wandel der Sitten und durch ein neues Verhalten der Italienerin ist der Mann – überspitzt ausgedrückt – abrupt von dem Thron heruntergerissen worden, auf den ihn einst seine »Mamma« gesetzt hatte. Der italienische Mann war darauf nicht vorbereitet. Das neue Selbstbewußtsein der Frau, ihre Unabhängigkeit und Selbständigkeit, haben viele Männer erschüttert – sie sind bestürzt, verwirrt, verunsichert, fassungslos.

Einst stand der Italiener – verglichen zur Frau – hoch oben, heute ist mancher plötzlich – psychologisch betrachtet – in die Tiefe gestürzt. Ich glaube, daß wir die Männer aus der Taltiefe wieder heraufholen sollten. Nur gemeinsam, so scheint mir, läßt sich die Gesellschaft verändern – in gegenseitiger Achtung und jeder mit seiner Würde. Daß aber ohne uns Frauen die Gesellschaft nicht zum Besseren verändert werden kann, das weiß nun die überwiegende Mehrheit der Italiener. Wie Anna Maria Mazzoni, die erste italienische Frauenrechtlerin im letzten Jahrhundert, den Männern zurief: »Ohne uns seid Ihr eine Partei – Mit uns seid Ihr die Familie, die Nation, die Menschheit.«

8. 3. 1984

Die Italienerin der achtziger Jahre

NIRGENDS LÄSST SICH VIELLEICHT der Wandel der Italienerin äußerlich so deutlich erkennen wie im Sommer in den
Großstädten. Juli und August, das ist die Zeit, in der Städte
wie Mailand, Rom, Florenz traditionsgemäß praktisch von
Männern beherrscht waren. Frauen und Kinder waren aus
dem Straßenbild sozusagen verschwunden. Die jungen
Mütter nämlich, die nur in seltenen Fällen berufstätig waren
(und die Großmütter gingen natürlich meist mit), zogen mit
den Kindern ans Meer oder in die Berge, und zwar ein bis
zwei Monate lang, denn die Sommerferien sind in Italien
sehr lang. Die Männer aber – sie mußten ja arbeiten und
besuchten ihre Familien nur an den Wochenenden –, sie ver-
brachten zwei erholsame Tage mit Frau und Kindern und –
verschwanden wieder. Eine ganze Literatur blühte um diese
wieder zu »Halbjunggesellen gewordenen« Männer. Für die
Frauen aber bedeuteten diese »Ferien« mehr oder weniger
dasselbe gestreßte Leben wie zu Hause. Die wenigsten
konnten sich über so lange Zeit einen Hotelaufenthalt leisten. Die meisten mieteten Ferienwohnungen oder wohnten
bei den Großmüttern; der Aufenthalt am Meer oder in den
Bergen unterschied sich kaum vom Alltag. Die meisten dieser Frauen sahen diesen langen »Ferien« mit Schrecken entgegen, zumal sie außerdem um die Treue ihrer zurückgeblie-
benen Männer bangten – damals.

Seit einigen Jahren aber herrschen in den Großstädten –
selbst im August – weitgehend Frauen vor. Sie bleiben – auch
weil sie viel mehr als früher berufstätig sind – und schicken

ihre Männer mit den Kindern in die Ferien; die Männer sollen sich nun mit den »bambini«, mit Müttern und Schwiegermüttern erholen. Auch haben die Frauen von Psychologen oder Eheberatern gesagt bekommen, daß »getrennte Ferien« unter Partnern ganz erholsam sind. So kann man heutzutage die »neue Italienerin« an frischen Sommerabenden in den Trattorien und Pizzerien oder an den Brunnenrändern sitzen sehen – gemeinsam mit ihren Freundinnen und Freunden und sichtlich erfreut, vergnügt und entspannt – genau wie einst nur die Männer. Der lange Marsch in Richtung Gleichberechtigung hat nämlich dazu geführt, daß sich die Italienerinnen mehr vergnügen als einst – trotz der oftmals doppelten Belastung durch Beruf und Haushalt. Sie haben sich auch Freizeit erobert und entscheiden in vielen Fällen selbst, wie sie diese gestalten.

In keinem anderen westeuropäischen Land haben die Frauen so schnell aufgeholt wie in Italien. Innerhalb einer Generation hat sich Italien, das vorwiegend ein Agrarland war, in eine Industrienation verwandelt. Landflucht, Urbanisierung und Auswanderung führten zu einer neuen Lebensweise, von der vor allem die Frauen betroffen waren.

Die wohl radikalsten Veränderungen der letzten Jahrzehnte betreffen das sexuelle Verhalten der Frau und demzufolge ihre Beziehung zum anderen Geschlecht. Die neuen Sitten und die neue Moral haben sich im Lauf der siebziger Jahre im Zuge der stürmischen Frauenbewegung auch auf die Gesetzgebung ausgewirkt. Es begann mit der Einführung der Ehescheidung; es folgte das neue Familienrecht und – 1977 – das Gesetz über die Gleichberechtigung von Mann und Frau am Arbeitsplatz. Ein Jahr darauf wurde ein Abtreibungsgesetz verabschiedet, das zu den liberalsten Westeuropas gehört. Immer mehr Frauen möchten berufstätig sein. Die Zahl der weiblichen Studenten ist nur noch wenig niedriger als diejenige der männlichen – über 40 Prozent.

Wohin man blickt – die Lebensweise und die Mentalität der Italienerinnen haben sich in den letzten zwanzig Jahren grundlegend verändert. Sie kommen ihren europäischen Geschlechtsgenossinnen immer näher. Auch die Italiener heiraten weniger; die Scheidungen nehmen zu; und die Geburten gehen zurück – wenn auch im Süden merklich weniger als im Norden.

Auf 100 Ehen kommen heute in Italien sechs Scheidungen. Eine vom Nationalen Forschungsrat herausgegebene Statistik aber besagt, daß 67 Prozent der befragten Italiener nach wie vor die Ehe als Partnerschaftsmodell bevorzugen. Darin liegt kein Paradox, es zeigt vielmehr, daß nicht so sehr die Ehe als Institution in die Krise geraten ist, sondern daß die Verwirklichung einer guten Ehe schwieriger geworden ist. Sind die Italienerinnen anspruchsvoller geworden, oder liegt es daran, daß es ganz allgemein schwieriger ist als früher, eine harmonische Ehe zu führen? Fest steht – die neue Italienerin nimmt eine mißratene Ehe nicht mehr hin. Es ist erwiesen, daß es mehrheitlich Frauen sind, die auf eine gesetzliche Trennung drängen; dann allerdings sind es wieder die Männer, welche eine reguläre Scheidung bevorzugen, wenn die gesetzliche Trennungsfrist von drei Jahren abgelaufen ist. Die Männer heiraten auch schneller wieder als Frauen; letztere zögern vor einer neuen ehelichen Bindung. Die Italienerinnen sind heute auch weitgehend bereit, mit ihrem Partner unverheiratet zusammenzuleben – auch wenn

Kinder da sind. Gewiß bestehen auch da zwischen Nord und Süd sowie zwischen Stadt und Land noch große Unterschiede – doch die »neue Italienerin« tendiert in diese Richtung. Sie zieht nicht mehr eine schlechte Ehe überhaupt keiner Ehe vor, wie es ihre Großmütter und oftmals ihre Mütter noch getan haben. Gewiß, damals gab es auch ökonomische Gründe für ein solches Verhalten.

Cesare Musatti, Italiens namhaftester Psychoanalytiker mit über sechzigjähriger Berufserfahrung in der Ehe- und Partnerschaftsproblematik, sagt dazu: »Die Großmütter der heutigen jungen Italienerinnen bezahlten die erreichte Sicherheit – die gesellschaftliche wie die ökonomische – mit der Unterwerfung. Heute lehnen die Enkelinnen dieser Großmütter diese Art von Ehe ab, die noch bis vor zwanzig Jahren vorherrschend war. Aber – auch wenn sehr viele Italienerinnen heute das alte Ehemodell für überholt und vom moralischen Standpunkt aus für unzumutbar halten, haben sie doch auch noch kein neues Modell vorzulegen, durch das sie das alte ersetzen könnten. Sie fordern die volle Erfüllung in der Ehe, und die Folge ist, daß die Männer erschrekken, sie bekommen es mit der Angst zu tun.«

Um so mehr, als infolge der erlangten sexuellen Freiheit viele Frauen ihre Männer auch hinsichtlich ihrer legendär gewordenen Liebeskunst in Frage stellen. Dies hängt nicht mit einem erst jetzt erlangten Selbstbewußtsein zusammen. Selbstbewußt ist die Italienerin immer gewesen; nur schöpfte sie es aus einer anderen Quelle.

Denn als Italien noch vorwiegend ein Agrarland war, bis in die sechziger Jahre hinein, da hatte die Frau innerhalb der italienischen Gesellschaft zwar eine untergeordnete Rolle, doch diese Rolle war klar definiert und verlieh ihr als Frau Selbstbewußtsein (man denke u. a. an die unumstrittene Macht der »Mamma« innerhalb der Familie). Dieses weitverbreitete Selbstwertgefühl ist mit ein Grund, weshalb der Drang nach Gleichberechtigung selbst auf dem Höhepunkt der Frauenbewegung nicht so ausgeprägt war wie in anderen Ländern.

Die Enttäuschung, die bei vielen Frauen, die sich an der Frauenbewegung beteiligt haben, heute zu beobachten und zu spüren ist, hängt zum einen mit der Tatsache zusammen, daß die italienischen Männer nicht – oder noch nicht – Schritt gehalten haben mit der Entwicklung der Frauen – also sich die Partnerschaft erschwert hat –, zum anderen aber mit der Erkenntnis, daß zwischen dem »paese legale« und dem »paese reale« immer noch ein tiefer Graben besteht. Denn trotz der fortschrittlichen Gesetzgebung und trotz des Wandels in Mentalität und Sitten vermochten die Frauen die institutionellen Spielregeln nicht grundlegend zu verändern. Eine Kammerpräsidentin – die Kommunistin Nilde Jotti –, eine international anerkannte Top-Managerin wie Marisa Bellisario (Vorsitzende von Italtel), eine Nobelpreisträgerin wie Rita Levi Montalcini und die Mailänder »donne in carriera« (eine Grupe von Verwaltungsvorsitzenden und Managerinnen) – sie können nicht darüber hinwegtäuschen, daß die Arbeitslosigkeit mehr Frauen als Männer trifft, daß die meisten Frauen nach wie vor unqualifizierte und vor allem schlechter bezahlte Arbeit leisten, daß eine junge Frau durchschnittlich doppelt so lange wie ihr männlicher Kollege mit der gleichen Ausbildung suchen muß, bis sie einen Arbeitsplatz findet.

Gewiß, das sind Rückschläge, verglichen mit den großen Erwartungen, welche die Frauenbewegung der siebziger Jahre ausgelöst hatte. Die heutigen fünfzehn- bis zwanzigjährigen sind gegenüber den großen Problemen, die ihre Mütter anpacken mußten, distanzierter, kühler; sie haben die neuen, den Frauen Recht und Würde verleihenden Gesetze nicht erkämpfen müssen; die neuen Errungenschaften erscheinen manchem jungen Mädchen als Selbstverständlichkeit. Aber das läßt aufhorchen: denn Gleichberechtigung von Mann und Frau als Selbstverständlichkeit zu betrachten, ohne das ursprüngliche Selbstwertgefühl der Italienerinnen »von einst« zu verlieren – welch erfreuliche Aussicht für die italienische Frau der Zukunft!

11. 2. 1988

Die deutsche Frau

VOR 50 JAHREN WAR ES »la Fräulein«, das weitgehend das deutsche Frauenbild in Italien prägte. Großbürgerliche italienische Familien vertrauten jungen deutschen Frauen mit Vorliebe ihre Sprößlinge an. Die »Fräuleins« galten allgemein als fleißig, gründlich und zuverlässig. Ihre Rolle lag zwischen derjenigen einer Erzieherin und einer Hauslehrerin. Begegne ich heute einer älteren Dame oder einem Herrn gesetzten Alters, die eine auffallend gute deutsche Aussprache haben, erfahre ich, daß »la Fräulein« ihre Kindheit belebt hat. Manches deutsche Mädchen ist auf diese Weise in die Geschichte großbürgerlicher italienischer Familien eingegangen. Die »Fräuleins« waren ihrer Tugenden wegen geschätzt und geliebt. Ihre äußere Erscheinung löste geringere Begeisterung aus. Die Sprößlinge von einst beschreiben sie, taktvoll, als »robusta«, sportlich und einfach.

Heute hat sich das Urteil über teutonische Schönheiten weitgehend geändert. Die deutschen Studentinnen in Perugia oder Bologna oder die Au-pair-Mädchen in Rom und Florenz widersprechen der Vorstellung von damals. Und auch das deutsche Straßenbild spiegelt vielfach eine Menge von gutaussehenden, schlanken und schöngewachsenen Frauen wider. Ästhetisch haben die deutschen Frauen aufgeholt, und gleichzeitig sind sie ihrem Ruf der Effizienz, ich würde sagen einer »modernen Effizienz«, treu geblieben. Meine Eindrücke beruhen einerseits auf einer langjährigen beruflichen Erfahrung mit deutschen Kolleginnen, andererseits auf dem Umstand, daß ich dank meiner Tochter Sabina einen besonderen »Aussichtspunkt« besitze. Sabina ist 35 Jahre alt, lebt in Berlin und ist dort seit 9 Jahren mit einem Deutschen verheiratet – »un prussiano«, mit einem Preußen, wie die Italiener lächelnd unterstreichen und damit die Quintessenz eines Deutschen meinen. So bin ich zu zwei »halb römischen und halb preußischen« Enkeln gekommen – Adriano und Lorenzo. – Und zu der Gelegenheit, deutsche Frauen näher kennenzulernen.

Es gibt übrigens drei deutsche Frauen, die in der italienischen Kulturwelt leben, mit weltberühmten Italienern verheiratet sind oder waren, und die gerne als Prototyp der tüchtigen, intelligenten und attraktiven deutschen Frau erwähnt werden: Inge Feltrinelli in Mailand – sie hat vor kurzem für ihre kulturelle Tätigkeit die Ehrendoktorwürde von der Universität Ferrara verliehen bekommen –, ferner Inge Schnabel in Rom, die Witwe des Bildhauers Giacomo Manzu, und Renate Ramge, die Frau von Umberto Eco in Bologna.

Durch das Verhalten der deutschen Frauen und in Gesprächen mit ihnen erfaßt man schnell, daß sie in ihrer Gesellschaft eine bedeutendere Rolle spielen als die überwiegende Mehrheit der Italienerinnen in der italienischen – von Intellektuellen und Politikerinnen natürlich abgesehen. Die Industrialisierung in Deutschland hat die Rollen von Frau und Mann zu einem früheren Zeitpunkt verändert als in Italien, wo der Übergang vom Agrar- zum Industrieland fast ein Jahrhundert später erfolgt ist und die Gesellschaft ökonomisch und sozial in seinen Grundfesten erschüttert hat. Aber trotz des ökonomisch-sozialen Wandels, der in Italien in den letzten 30 Jahren erfolgt ist, und trotz der Frauenbewegung – sie war eine der heftigsten in Europa und hat die Sitten weitgehend verändert – liegt der Schwerpunkt der Italienerin unverändert in der Familie. Eine hohe Zahl von deutschen Frauen ist erwerbstätig: fast die Hälfte aller verheirateten Frauen, von den geschiedenen Frauen gut drei Viertel. Frauen mit Kindern stehen überproportional im Erwerbsleben. Durch ihre Erwerbstätigkeit (von 1971–1985 stieg die Zahl der erwerbstätigen Frauen um eine Million auf 10 Millionen) hat sich die deutsche Frau auch weit früher »emanzipiert«, als es die Italienerin tun konnte: Das bedeutet, daß sie nicht nur von den Eltern, sondern auch gegenüber dem Ehemann gesellschaftlich und wirtschaftlich unabhängig wurde. Deutsche Frauen haben heute allgemein einen eigenen gesellschaftlichen Status, sie sind Teil der Gesellschaft, in der sie leben. Sie sind sich dessen bewußt, und die meisten, besonders die jüngeren, halten es für eine Selbstverständlichkeit. Trotz der doppelten Belastung, der beruflichen und der familiären, möchten wenige deutsche Frauen zurück. Sie wirken frei, zufrieden, jung – wenn auch gehetzt. Kaum ein Wort ist so weit verbreitet in Deutschland wie »Streß«. Die angestrebte Chancengleichheit im Arbeitsleben setzt die Beteiligung der Männer an den Frauenpflichten voraus. Männer, auch Söhne – im Gegensatz zu den meisten italienischen Söhnen –, werden tatsächlich eingespannt. Sie helfen vielfach im Haushalt mit und kümmern sich um die Kindererziehung. Dennoch bleibt für die deutsche Frau, wie für alle Frauen, die doppelte Bürde. Das wissen übrigens auch die Italienerinnen; dennoch steigt ständig die Zahl derjenigen, die erwerbstätig sein möchten. Der Wunsch scheitert aber in Italien allzuoft an der hohen Arbeitslosigkeit und an den völlig unzulänglichen Sozialdiensten. Die deutschen Frauen erwecken den Eindruck, ich entnehme es auch zahlreichen Gesprächen, daß die aushäusige Beschäftigung von ihrer »Glückvorstellung« nicht mehr wegzudenken ist. Gemäß der amerikanischen Überzeugung »You are what you do« ist die deutsche Frau immer weniger bereit, eigene Bedürfnisse zurückzustellen und auf einen eigenen gesellschaftlichen Status zu verzichten. Dies beeinflußt natürlich auch ihr Auftreten und ihre Erscheinung ganz wesentlich. Deutsche Frauen wirken in der Gesellschaft sicherer, selbstbewußter, als es ihre Mütter und Großmütter je waren, die in Haus- und Kinderbetreuung buchstäblich auf- und auseinandergingen, so den Ruf der »deutschen Hausfrau« in der Welt verbreiteten, und die sich, nicht nur was Modekleidung angeht, eher als Ornament des Mannes verstanden, der sich in der Gesellschaft mit ihrem Aussehen brüstete.

Erhöhte Sicherheit, verstärkte Unabhängigkeit, selbstbewußteres Auftreten vor ihrem Partner – das alles spiegelt sich auch im Verhältnis der deutschen Frau zur Mode wider. Die deutsche Frau ist in der Wahl ihrer Kleidung »unabhängiger«, freier, mutiger, weniger konventionell – verglichen mit der überwiegenden Mehrheit der Italienerinnen. Aus einer entsprechenden, 1988 herausgegebenen Studie von Ulrike Prokop geht hervor, daß 30 Prozent aller Frauen zwischen 14 und 64 Jahren in der alten Bundesrepublik an Modekonsum uninteressiert sind. Annähernd so viele kaufen vor allem Billiges ein; es fällt auf, daß sie es stolz verkünden. Beide Gruppen orientieren sich vor allem am Nützlichen und am Preis. Die Gruppe, die den Kauftrend bestimmt, so die sachkundige Quelle, macht etwa 10 Prozent aus; sie sind meist jünger als 35 Jahre, berufstätig und häufig im Angestelltenberuf. Besser handhabbar seien für die Marktstrategen – so Ulrike Prokop – die modisch konservativen Qualitätsorientierten (19 Prozent), und am liebsten haben sie die »Markenorientierten«, die zu einer gewissen, treuen Anhänglichkeit gefunden haben – 7 Prozent.

Diese Angaben widersprechen nicht meinem Eindruck, daß die deutschen Frauen allgemein an Mode interessiert sind, aber diese eher als »richtungsgebend« ansehen und nicht als ein »Muß«, dem sie sich zu unterwerfen haben, um ihren Status hervorzuheben. Der »letzte Schrei« ist für die deutsche Frau weit weniger ein »Statussymbol«, als er es für die Italienerinnen von vergleichbarem Stand ist. Immer wieder fällt mir auf, daß die deutschen Frauen kühl überprüfen, »ob es sich lohnt«, und offen Preis mit Qualität vergleichen. »Sein« und »Schein« klaffen in der deutschen Welt weniger auseinander als in der italienischen, in der, einer »bella figura« wegen, Geld und Zweckmäßigkeit gerne geopfert werden, weil nicht nur die »figura«, sondern auch die »bellezza« im Vordergrund steht.

Man sieht einer deutschen Frau die Zugehörigkeit zu einer sozialen Gruppe kaum an; die Kleidung ihrer Kinder verrät den Stand der Familie noch weniger. Im Zusammenhang mit Kindern ist es auffallend, wie konsequent deutsche Mütter ihre Kinder auf die ökologischen Probleme unserer Zeit aufmerksam machen.

In allen Ländern gibt es – was die Kleidermode angeht – immer weniger »typische« Straßenbilder. In ganz Europa sehen sich – die Jeans waren bahnbrechend dafür – die »Leute auf der Straße« ähnlicher. Dennoch bemerkt ein aufmerksames Auge Unterschiede, die vorwiegend vom Klima des Landes, von den Sitten und Gewohnheiten der jeweiligen Bevölkerung herrühren. So verrät das deutsche Straßenbild, daß die deutsche Frau, in Sachen Kleidermode, den Akzent auf das »Praktische« und »Zweckmäßige« setzt, die Italienerin dagegen mehr auf »bellezza«, Schönheit. Die Frauen beider Nationen übersehen oft, daß die heutige Mode die zwei Anliegen – Schönheit und Zweckmäßigkeit – bestens zu verschmelzen weiß. Die Italiener haben im allgemeinen ein besonderes Verhältnis zur Schönheit. In Rom heißt es, daß »Sich-schlecht-Anziehen« der größte Luxus sei, den sich ein Mensch leisten könne. Gemeint ist damit, daß seine Erfolgschancen dadurch auf jedem Gebiet stark sinken. Ferner weist man schon ein Kind darauf hin, daß »tutti i Santi sono belli«, daß alle Heiligen schön sind, indirekt also, daß das Gute – sozusagen als Belohnung – schön macht. In Deutschland aber stieß ich auf den Volksspruch: »Schönheit und Verstand sind selten verwandt.«

Im Zusammenhang mit Schönheit stimmten mich viele deutsche Frauendemonstrationen der siebziger Jahre melancholisch. Die Beteiligten erweckten nicht den Eindruck, als würden sie einen Siegesmarsch in Richtung »Befreiung« anführen, sondern erinnerten vielmehr an den »Rückzug von der Beresina«, so »zufällig« waren sie oft gekleidet. Und nicht immer steckte eine »Ideologie« dahinter. »Pflegeleicht« – ein Begriff, der in Deutschland vielfach mit Begeisterung ausgesprochen wird. Entstehen konnte er ohnehin nur in diesem Lande, weil »nur die deutsche Sprache es vermag, so viel in so wenigen Worten auszudrücken«, wie die Franzosen sagen. Begriffe wie »zweckmäßig« und »praktisch« haben für deutsche Frauen einen weit verführerischeren Klang als für die meisten Italienerinnen. Das liegt daran, daß deutsche Frauen allgemein über weniger Hilfe im Haus verfügen – trotz der größeren Bereitschaft der deutschen Männer, mitzuhelfen. Die überwiegende Mehrheit der erwerbstätigen Frauen in Italien – Angestellte und Intellektuelle, auch jüngere – beschäftigen stundenweise mehrmals wöchentlich, wenn nicht täglich, eine Haushaltshilfe. Den berufstätigen Müttern kommt noch die »nonna« zu Hilfe, eine wahre Institution, vielleicht die einzige, die in Italien zuverlässig funktioniert, bemerken spöttisch die Italiener. Der Solidarität von Mutter und Tochter in Italien entspricht in Deutschland die Solidarität der Mütter unter sich. Die Organisation des Alltags entsteht spontan. Abwechselnd begleitet die eine die Kinder der anderen zur Schule, holt sie wieder ab, führt sie zum Spielplatz, hütet sie, kocht – was in dem Umfang in Italien undenkbar wäre, weil die Verwandtschaft das Netz ist, das alle Probleme auffängt. Trotz Berufstätigkeit und Familie verzichten deutsche Mütter auch nicht auf geselliges Beisammensein: Sie sprechen miteinander ab, wer welches Gericht zum gemeinsamen Abendessen mitbringt. Die Italiener staunen, denn es klappt. Der Versuch, bei mir ähnliches einzuführen, scheiterte daran, daß sich keine meiner Freundinnen an das Vereinbarte hielt. Es war gutgemeint, aber das Ergebnis war: vier erste Gänge und sechs Nachspeisen.

Und die Perfektion der »deutschen Hausfrau«, von der in Europa so lange die Rede war? Die ist zum Mythos geworden, man sucht sie vergeblich. Die Böden deutscher Stuben kann man nicht mehr als Spiegel benutzen, die Betten sind vielfach mit ungebügelten Laken überzogen, auf den Möbeln kann auch einmal Staub liegen, Kinder dürfen sich bekleckern ...

Wie also ist »die deutsche Frau« heute? »Una donna in gamba, simpatica, e spesso anche una bella donna«, antworteten die meisten Italiener spontan auf meine Frage; das bedeutet: eine patente, sympathische Frau, oft auch eine »bella donna«. Und dann erst fiel mir auf, daß, wenn Italiener (damit meine ich Frauen und Männer) unter sich über Deutsche reden, sie die Deutschen ihrer »klassischen« Eigenschaften wegen – Gründlichkeit, Zuverlässigkeit, Organisationstalent usw. – schätzen, bewundern und achten. Doch gerade das Wort »Sympathie« – also gefühlsmäßige Übereinstimmung und Zuneigung – fällt dabei fast nie. Dieser Begriff bleibt den deutschen Frauen vorbehalten.

September 1991

Die Mode und ich

»Um zu gefallen, muß man zunächst auffallen, *fare bella figura*«, ist ein Rat, den viele italienische Mütter vor gar nicht langer Zeit ihren Töchtern im heiratsfähigen Alter erteilten und weitgehend heute noch erteilen. Dabei haben »Auffallen« und *bella figura* in diesem Zusammenhang sehr viel mit Mode zu tun.

Die Meinung ist hier weit verbreitet, daß »Sich-schlecht-Anziehen« der größte Luxus sei, den ein Mensch sich leisten dürfte. Gemeint ist, daß nur wenige Privilegierte es sich leisten können, unansehnlich herumzulaufen und dabei dennoch Erfolg haben.

Die römische Realität gibt ihnen zum großen Teil recht. Auf dieser Theorie beruht auch die Bedeutung, die in diesem Lande der Schönheit allgemein zugeschrieben wird: Sie ist fast der Tugend gleichgesetzt.

Mode ist eine ernste Angelegenheit. Nicht nur, weil sie – gleich einem historischen Dokument – den Geschmack und die Sitten einer Zeit mitbestimmt, sondern auch, weil sie uns Menschen ganz erfaßt, nicht nur unsere Kleidung. Kleidung ist allerdings ihr sichtbarster Ausdruck. Mode steht halbwegs in einem Schnittpunkt zwischen Kunst, Handwerk und Industrie. Der Mode-Stilist wird zu einem Vermittler zwischen der eigenen Kreativität und den Bedürfnissen der Realität. In diesem Sinn waren bereits Adam und Eva erste Modeschöpfer. Doch ohne so weit zurückzugreifen: Mode kommt von weit her und hatte schon in der Antike und im

Mittelalter ihre Bedeutung als strenger Faktor der gesellschaftlichen Rangordnung. Die Wohlhabenderen folgten ihr damals wie heute, wetteiferten zudem noch unter sich um den *dernier cri*, während den unteren Schichten nur die Folklore vorbehalten war, also das, was wir heute mehr oder weniger genau als »Trachten« definieren. Mode war schon immer ein Ausdruck von Macht.

Heute ist die Mode darüber hinaus ein umwälzender Faktor für die Wirtschaft dieses Landes, insbesondere auch für seine Handelsbilanz. Manche mögen sich darüber streiten, ob es Revolutionen sind, die neue Moden einführen, oder ob nicht vielmehr umgekehrt die neuen Moden das Herannahen revolutionärer Neuerungen wittern und ankündigen! Die Mode besitzt ein seismographisches Gefühl für die Zeit, wie es in dem Maße auf anderen Gebieten nur schwer zu finden ist. Ohne daß wir es merken, beeinflußt sie unser Verhalten in der Gesellschaft. Sie leitet oft große Ereignisse ein: Die Blue Jeans eroberten den Markt vor der 68er Revolte, und als die große Umwälzung dann einbrach, wurden die Jeans sogar zum weltweiten Symbol für den neuen Geist. Jene, die als erste Blue Jeans trugen, verband ein neues körperliches Befinden und Benehmen. Es entstand ein *look*, ein »Massenlook« wie vielleicht nie zuvor. Darüber hinaus erwiesen sich die Blue Jeans auch als das, was Mode ist: als ein Kommunikationsmittel über Länder und Kontinente hinaus.

Wie glänzten doch die Augen unserer Mütter, als sie uns von der Mode-Revolution erzählten, die in den 20er Jahren Coco Chanel bewirkte – die legendär gewordene *Mademoi-*

selle aus Paris – mit der Einführung knielanger Röcke, langer Hosen und Chemisier-Blusen! Der kurze Haarschnitt gehörte dazu, und Millionen von Frauen opferten daraufhin ihre Zöpfe auf dem Altar des Bubi- oder Pagenkopfes. Eine neue Ära brach für die Frauen an, der neue Schein beeinflußte ihr Sein: Verhalten, Lebensweise und Selbstbewußtsein begannen sich zu verändern. Die Männer ahnten es wohl, denn mit überwiegender Mehrheit lehnten sie die »verrückten Ideen« der kühnen Französin ab, die in der Tat für die (äußere) Befreiung der Frau Entscheidenderes getan hat als mancher Ideologe.

Mode erfaßt, gestaltet, formt den ganzen menschlichen Körper: sie ist tonangebend für Haltung, Gang, Bewegungen und Ausdruck. Sie ist nicht nur Visitenkarte, denn die Mode, die wir wählen, sagt über uns mehr aus als Name, Beruf und Adresse. Sie erzählt von uns, verrät uns und spricht gar Dinge aus, die wir eigentlich wie Geheimnisse hüten wollen.

Heute fassen wir Frauen und Männer Mode allerdings elastischer auf als noch vor 50 Jahren. Ich jedenfalls bin nicht mehr bereit, blindlings einem Mode-Diktat zu gehorchen. Dennoch – die alljährliche »letzte Mode«, das Originelle, Neue, stets Überraschende an Farbe und Form, beglückt, erheitert und verjüngt mich, innerlich und äußerlich. Aber ich passe die Mode – welche auch immer – meiner Wesensart und meinem Temperament an, einmal, um es zu zügeln, einmal, um es zu unterstreichen. Ich bediene mich der Mode, mache sie zu meiner Komplizin, vergesse jedoch dabei nicht, daß wahre Eleganz durch all das unterstrichen wird, was sie zu entbehren vermag. All jenen aber, die immer wieder schadenfroh erklären, »Die Mode ist tot«, rufe ich freudig entgegen: »Es lebe die Mode«.

1992

Der Wandel der Familie in Italien

DIE FAMILIE GEHÖRT zu den Mythen Italiens – samt Mutterbild, Mutter-Sohn-Verhältnis, Latinlover usw. Dieses Bild der Familie, das sich durch Jahrhunderte hindurch mehr oder weniger erhalten hat, konnte aber den tiefgreifenden Veränderungen, die das Land ab Kriegsende erfahren hat, nicht entgehen.

Der Übergang Italiens von einem vorwiegenden Agrarland zu einem Industriestaat erfolgte in wenigen Jahrzehnten, in knapp eineinhalb Generationen. Dies hat nicht nur zu grundlegenden wirtschaftlichen und sozialen Veränderungen geführt, sondern hat auch – als Folge – Mentalität, Sitten und Gebräuche der Italiener in entscheidender Weise beeinflußt.

Familie und Partnerbeziehungen sind davon radikal betroffen worden. Im Zuge der Zeit ist das natürlich überall in Europa geschehen, aber in Italien ist es auffallender und wirkte in der Gesellschaft einschneidender, besonders weil die Emanzipation der Frauen nicht – wie in Deutschland, Frankreich und England – bereits fortgeschritten war. Erst nach Kriegsende wurde das von Mussolini gepriesene Ideal der Frau als »Engel des Herdes« beseitigt.

Das bis vor 30 Jahren noch gültige italienische Familienbild hat sich inzwischen also radikal verändert. Einige Beispiele dafür: Italien, einst Bambini-Land par excellence, hält heute den europäischen Rekord im Geburtenrückgang; durchschnittlich 1,2 Kinder pro Familie. Die Zahl der Eheschließungen sinkt seit 1970 langsam, aber stetig (um

3 Prozent zwischen 1993 und 1994). Dafür steigt die Zahl der Ehescheidungen und der Trennungen: zwischen 1993 und 1994 um fast 6,7 Prozent, und zwar erstaunlicherweise im Süden mehr als im Norden. Interessant ist ferner, daß es mehrheitlich die Frauen sind, die auf eine gesetzliche Trennung drängen, wenn die Ehe gescheitert ist. Nach der abgelaufenen dreijährigen gesetzlichen Trennungsfrist sind es aber wiederum mehrheitlich Männer, welche auf eine reguläre Scheidung bestehen. Die Zahl der Frauen, die vor einem neuen ehelichen Schritt zögert, ist – verglichen mit der Zahl der Männer – weit höher. D. h., daß immer weniger Frauen »lieber eine schlechte als gar keine Ehe« eingehen, wie es noch vor kurzer Zeit hieß. Diese Einstellung beruhte vorwiegend auf ökonomischen Gründen: die Ehe als Versorgung. Für die durch die Ehe erlangte ökonomische Sicherheit zahlten aber die Frauen oft den Preis der Unterwerfung. Nach der Einführung des Ehescheidungsrechts und des Gleichberechtigungsgesetzes von 1975 ist das alte Ehemodell wie von einem Orkan hinweggefegt worden.

Die Familie ist auch in Italien in die Krise geraten; zumal eine ständig steigende Zahl von Frauen berufstätig wurde, also selbständig, und sich »befreit« fühlte. Das virile Männerbild aber stürzte rapide vom Sockel, auf den Gesellschaft und Mutter es gestellt hatten. Der Mann ist auf der Suche nach einer Identität und steckt in einer tiefen Krise. (Wieviel Identität die Frauen selber haben – das ist eine ganz andere Frage.)

In diesen Tagen hat Kardinal Giacomo Biffi aus Bologna in seiner Homilie zum Tag des Lebens – »giornata della vita« – auf die Krise der Familie Bezug genommen und sich mit strengen Worten gewandt gegen dieses »... unbegründete Zögern so vieler junger Männer, wenn es darum geht, das elterliche Nest zu verlassen. Weil sie dort, in der familiären Geborgenheit, auch als erwachsene Kinder genährt und gut versorgt werden und sogar ungestört ihr Verhältnis zum anderen Geschlecht unterhalten dürfen.« Infolgedessen aber haben diese erwachsenen Jugendlichen gar keinen Ansporn mehr – meinte der Kardinal –, eine eigene Familie zu gründen und Kinder in die Welt zu setzen. Ihr Verhalten verstieße gegen das Gebot Gottes: Du wirst Vater und Mutter verlassen. Der Geburtenrückgang ist in Italien so drastisch, daß die Kirche darum sehr besorgt ist; aber nicht nur die Kirche. Die Überalterung der Bevölkerung stellt die Gesellschaft und ihre soziale Organisation vor schwere Probleme.

Die Homilie des Kardinals von Bologna hat eine landesweite Debatte ausgelöst. Welches sind die Ursachen für dieses Verbleiben im elterlichen Heim auch als Erwachsener? fragt man sich allgemein.

Die Erklärung der »Bequemlichkeit«, die der Kardinal anspricht, halten viele für zu einfach. Sicher spielt sie in manchen Fällen eine Rolle. Auch im Ausland spottet man übrigens gerne über die italienischen »Mammoni«, die es durchaus gibt. Diese sind nicht ganz identisch mit den »Muttersöhnchen«, wie man sie auf deutsch nennt; die entsprechen mehr unseren »Mammisti«.

»Mammone« – übrigens gibt es auch »Mammone«-Töchter, von denen spricht man allerdings weniger, weil es psychoanalytisch weniger aufregend ist, glaube ich – also »Mammone« ist ein Sohn (oder eine Tochter), der die Mutter besonders liebt, der muttergebunden ist, gewiß, und die

Mutter verehrt, für sie große Zärtlichkeit empfindet, diese auch zeigen und geben kann. »Mammista« dagegen ist etwas anderes – darunter sind in der Tat kaum Töchter. Der »Mammista« hat ein übertriebenes Bedürfnis nach mütterlichem Schutz behalten, auch als Erwachsener.

Ich teile die Meinung mancher, die an der von Kardinal Biffi ausgelösten Debatte teilgenommen haben: Nicht so sehr die Mißachtung des göttlichen Gebotes – du wirst Mutter und Vater verlassen –, sondern die Ausweglosigkeit der Wohnungssuche ist es vor allem, die die meisten dazu zwingt, noch bei ihren Eltern zu leben. Mehr als »Mammoni« halte ich die jungen Männer für realistisch. Der Journalist Beppe Severgnini antwortete dem Kardinal im »Corriere della Sera«: »Eine der Folgen der intellektuellen Arbeitslosigkeit ist die, daß ein dreißigjähriger gezwungen ist, die Eltern um Geld zu bitten. Ohne Wohnung und ohne Geld ist die Unabhängigkeit eine reine Theorie; es kann sie schon geben, diese Unabhängigkeit, auch unter diesen Umständen, aber dann muß ein junger Mann zu drastischen Lösungen bereit sein: z. B. in einer ungeheizten Ruine zu leben oder in einem kommuneartigen Durcheinander, zu dem die italienische Jugend nur geringe Neigung zeigt – im Gegensatz zur Jugend anderer westeuropäischer Länder, die darin sogar etwas Sportliches sieht!«

Zusammenfassend schreibt Beppe Severgnini über die Familie: »Es geht darum, zu wählen zwischen dem nordeuropäischen Modell, gemäß dem die Eltern ihre Kinder ab einem gewissen Alter in die Welt hinauswerfen wie Fallschirmspringer (nach dem Motto: sollen sie selbst sehen, wie sie damit fertig werden), und dem südeuropäischen Modell, gemäß dem die Familie so lang als nötig die Rolle der Aushilfe weiter ausübt.« Die Familie ist auch eine Versicherungsgesellschaft mit »polizze a costo zero« – ohne Beitragszahlungen. Wenige Eltern würden den erwachsenen Kindern eine ökonomische Hilfe verweigern; ich z. B. kenne keine.

Die statistischen Daten der Europäischen Gemeinschaft über 18- bis 25jährige, die noch bei den Eltern leben, bestätigen den eigenen Zug, den die italienische Familie trotz allem beibehalten hat: innerhalb der EG steht da Italien an erster Stelle. Die Unabhängigsten gegenüber den Eltern sind nicht etwa die Angelsachsen, sondern die Dänen.

Die Schwierigkeit für junge Leute, eine erschwingliche Wohnung zu finden – die gibt es auch in den anderen europäischen Ländern. Erschwerend kommt für Italien hinzu, daß 70 Prozent der Italiener Wohnungseigentümer sind; infolgedessen ist der Markt für Mietwohnungen äußerst beschränkt.

Italien ist bekanntlich ein Land voller Widersprüche: Es sind z. B. erstaunlicherweise die Ärmeren – und nicht die Wohlhabenderen – welche die eigene Familie frühzeitig verlassen. In Ferrara – in der reichen Region Emilia – beträgt der Prozentsatz der Jugendlichen, die noch bei den Eltern leben, 36 Prozent, während in Caserta bei Neapel, das eine weit höhere Arbeitslosenquote aufweist, nur 26 Prozent der erwachsenen Kinder die Wohnung immer noch mit den Eltern teilen.

Von welcher Seite man auch das Bild der Familie betrachtet: die Bedeutung, die sie im Leben der Italiener beibehalten hat, ist größer als in den westeuropäischen Ländern, selbst wenn die Gründung der eigenen Familie bei den Mädchen nicht mehr zuoberst auf der Wunschliste steht, weil die Frauen heute vor allem einen Beruf anstreben. Die Familienstruktur befindet sich – wie das Land überhaupt – im Übergang. Ein sozio-ökonomisches Erdbeben hat die Familie erschüttert, hat sie aber nicht zerstört. Vor allem ist die Familiensolidarität noch reichlich vorhanden, wenn der Notfall eintritt. Was, wer würde die Unzulänglichkeiten z. B. des Gesundheitswesens erträglich machen, wenn nicht die Mütter und Väter, die Töchter und Söhne, die Tanten und Onkel an das Bett eines Verwandten im Krankenhaus eilen würden? Etwas überspitzt ausgedrückt: Es ist die Familie – auch in ihrer gewandelten Form –, die in Notzeiten nach wie vor an die Stelle des Staates tritt.

13. 3. 1996

Quellennachweis

Unsere mamma war Italienerin und Europäerin, Die Scheidung – ein soziales Problem in Italien, Nicht der eigenen Frau, Die Italienerinnen vor den Wahlen, Die Problematik der Scheidung in Italien, Die Italienerin zwischen Zwang und Freiheit, Ehebruch, Milva, Ihr Leben der Liebe, Elda Pucci, 15. Todestag von Anna Magnani, Über italienische Männer, Cazzone, Marcello Mastroianni, Der zehnjährige Kampf Lina Merlins, Frauen erwachen, Die Italienerin der achtziger Jahre, Die deutsche Frau, Der Wandel der Familie in Italien aus: Franca Magnani, Mein Italien, 1997

Die Mode und ich aus: Franca Magnani, Rom zwischen Chaos und Wunder, 1998

Alle Verlag Kiepenheuer & Witsch

Folgende Texte erscheinen zum ersten Mal in Buchform: *Frauen in Italien, Der letzte Mann, Silvio Berlusconi, Am Ende der Geduld, Die italienische Familie, Die Stellung der Frau in Italien* und der 8. März 1984

Franca Magnani
Wer sich erinnert lebt zweimal

Das Italien-Lesebuch
Gebunden

Von der Piazza della Rotonda bis nach Eboli, von Anna
Magnani bis Marcello Mastroianni, von Mussolini bis
Ignazio Silone – Italien, wie es nur Franca Magnani vermitteln kann. Ihre besten und einfühlsamsten Geschichten
über Italien und ihre Geburts- und Heimatstadt Rom erstmals in einem Band. So entsteht für die Verehrer der
unvergessenen Franca Magnani und alle Italien-Lieb-
haber ein unkonventionelles und liebevolles Panorama
ihrer Heimat, ergänzt um die schönsten Szenen aus ihrer
eigenen Familiengeschichte.

www.kiwi-koeln.de

Paperbacks bei
Kiepenheuer & Witsch

Franca Magnani
Eine italienische Familie

KiWi 645

»Eine italienische Familie« ist mehr als Franca Magnanis Jugenderinnerungen: ein einfühlsamer aber nie sentimentaler Bericht über ein wichtiges Kapitel italienischer Geschichte.

»Eine Liebeserklärung an die Ihren, an den Vater besonders, ist es geworden. Denn dessen Erziehung hat sie zu verdanken, dass sie – wie beim Lesen des Buches immer wieder klar wird – zu einer brillanten Beobachterin des politischen Alltags werden konnte. Ein hintergründiges und vergnüglich zu lesendes Buch.«   *Tagesspiegel Berlin*

www.kiwi-koeln.de

Paperbacks bei
Kiepenheuer & Witsch

Franca Magnani
Rom zwischen Chaos und Wunder

KiWi 484
Originalausgabe

Franca Magnani berichtete 23 Jahre lang aus Rom
und prägte als die »Stimme Italiens« das Italienbild
der Deutschen. In den hier zusammengefassten
Beobachtungen und Berichten aus »ihrem Rom«,
herausgegeben von ihrer Tochter und ihrem Sohn,
nimmt sie den Leser mit auf eine spannende
Entdeckungsreise und vermittelt ihr ganz persön-
liches Romerlebnis.

»Sehr persönlich sind diese Texte. Ob sie von ihrem
täglichen Gang durch die Stadt erzählt oder vom
Ghettoviertel, das nur wenige Schritte von ihrer
Wohnung beginnt – immer ist ihre Nähe zum
Gegenstand spürbar.«   *Die Zeit*

www.kiwi-koeln.de